青春文学精品集萃

幸福是睡前枕边的故事

《语文报》编写组　选编

时代文艺出版社

图书在版编目（CIP）数据

幸福是睡前枕边的故事/《语文报》编写组选编.
-- 长春：时代文艺出版社，2022.3
（青春文学精品集萃丛书.幸福系列）
ISBN 978-7-5387-6988-3

Ⅰ.①幸… Ⅱ.①语… Ⅲ.①作文－中小学－选集
Ⅳ.①H194.5

中国版本图书馆CIP数据核字(2022)第028936号

幸福是睡前枕边的故事
XINGFU SHI SHUI QIAN ZHEN BIAN DE GUSHI
《语文报》编写组　选编

出 品 人：陈　琛
责任编辑：邢　雪
装帧设计：任　奕
排版制作：隋淑凤

出版发行　时代文艺出版社
地　　址　长春市福祉大路5788号　龙腾国际大厦A座15层　（130118）
电　　话　0431-81629751（总编办）　0431-81629755（发行部）
官方微博　weibo.com/tlapress
开　　本：650mm×910mm　1/16
字　　数：135千字
印　　张：11
印　　刷：永清县晔盛亚胶印有限公司
版　　次：2022年3月第1版
印　　次：2022年3月第1次印刷
定　　价：38.00元

图书如有印装错误　请寄回印厂调换

编 委 会

主　　编：刘应伦

编　　委：刘应伦　赵　静　李音霞
　　　　　郭　斐　刘瑞霞　王素红
　　　　　金星闪　周　起　华晓隽
　　　　　何发祥　朱晓东　陈　颖
　　　　　段岩霞　刘学强

本 册 主 编：李　政　马漠寒
本册副主编：马巧丽　杜会平

Contents 目 录

爱，一直在这里

老来俏 / 苏　瑾　002
我的"交警"奶奶 / 朱亦敏　004
爷爷的假牙 / 谭　倩　006
我的爷爷 / 李　霞　008
难忘的生日 / 李天佑　009
我不是胆小鬼 / 柳星星　011
小小的奇迹 / 王海琴　013
爱，一直在这里 / 杜　盼　015
妈妈的脸 / 郭雨涵　017
为自己喝彩 / 叶　纤　019
一次难忘的考试 / 刘宇轩　021
她，让我难以忘怀 / 赵惟渊　023
她的名字叫妈妈 / 渠凯雁　025
感谢您，妈妈 / 刘诚笑　027
妈妈的妙语 / 李　哲　029
有一种幸福叫母爱 / 李　晨　031

四季的声音

你好，春天 / 赵子杰 034
春天是一首诗 / 邢亦宣 035
我最喜欢的季节 / 李天佑 037
有趣的夏天 / 马 玉 039
秋天的颜色 / 李 佳 041
我爱冬季 / 郭凌秀 043
春天的赞歌 / 马 明 045
四季的声音 / 肖静娴 047
日落 / 史英娇 048
家乡的小河 / 王楠楠 050
梦中的孤山 / 王东东 052
家有萌宠 / 郭瑾萱 054
我喜欢的小狗 / 刘 珊 056
我家有只波斯猫 / 马红音 058
可爱的咪咪 / 李望达 060

童年如诗

相信科学 / 马 琳 062
记一次拔河比赛 / 康嘉宝 064
小树林里的童年 / 刘建芳 066
可爱的朵朵 / 左小茜 068

我想有个家 / 寇欣媛 070
圣诞晚会 / 贾晋 072
神奇的魔术 / 肖飞鹏 074
谁最富有 / 武前 076
拔河记 / 贾钰渊 078
第一次自己睡觉 / 康紫馨 080
第一次捉知了 / 吴燕文 082
第一次采莲 / 周梦玉 084
给自己的信 / 鲁纹帆 086
我的乳名好土 / 郑允霞 088
我的"青脸"爸爸 / 朱芳芳 090
感谢您的包容 / 林嘉怡 092

成长的故事

废墟下的阿曼达 / 冯少捷 096
奇幻之夜 / 苏琪 098
七朵仙花 / 赵佳琪 100
都是电视惹的祸 / 米丹丹 102
配眼镜 / 勾畅 104
成长的故事 / 郝毅 106
我的同桌 / 宋小龙 108
那个那个 / 张伊蒙 110
新龟兔赛跑 / 刘嘉天 111
当乌鸦再次遇到狐狸 / 张金 113
乌鸦喝水 / 闫阁 115

一篇作文 / 于静茹　116
展翅翱翔 / 崔　帅　118

幸福的一家

心愿圆圆 / 崔雪妮　120
幸福的一家 / 杜媛媛　121
处处留心皆学问 / 石　蕾　123
尊严 / 王　瑞　125
爸爸的巧手 / 崔佳明　127
球迷老爸 / 林　莉　129
卖糯米糕的老人 / 张嘉玺　130
生命 / 沈扬宸　132
小女孩儿的故事 / 韩怡沁　134
妈妈，我想劳动 / 李　琼　137
老师的绰号 / 汤　巍　139
老师的绝活儿 / 盛　宁　141

因为有梦

因为有梦 / 张婷婷　144
我是小小工程师 / 孙佳佳　146
我的"八字牙" / 李林蔓　148
师生情 / 赵雅茹　150
一堂特别的作文课 / 任晓明　152

严师慈母 / 李　娟　154
我的老师 / 丁丹丹　156
"福尔摩斯"寻笔记 / 刘　翁　158
化装舞会 / 张泽玮　160
兔子奋斗记 / 郭子瑜　162
星星的悄悄话 / 孙一嘉　164
一次奇妙的旅行 / 葛　阳　165
想看见您的笑 / 元国翡　166

爱，一直在这里

老 来 俏

苏 瑾

我的奶奶胖胖的、矮矮的，黑红黑红的脸上布满了横一道竖一道的皱纹。别看她今年七十多岁了，却比年轻人更爱热闹，扭秧歌、舞剑、耍扇子、打门球，样样她都爱玩。说到穿衣打扮，奶奶更是九毛加一毛——十毛（时髦）。人家说她"老来俏"，她不恼，还说："不俏白不俏！"

我姑夫的妹妹要结婚，奶奶应邀赴宴。头天晚上，奶奶把大衣柜里的衣服都翻了出来，还让我给她当参谋。我帮奶奶选了一件黑大衣，奶奶穿上，在房间里走了几步，又对着镜子转了两圈，说："好是好，就是显得太老气了，也不那么时髦啊……怎么能穿呢……"我听了心想，您这么老了，还要赶什么时髦啊！奶奶脱掉身上的黑大衣，嘴里嘟哝着，把衣柜里所有的衣服都拿了出来，一件一件地试，试到最后，她都没有找到一件中意的。"这咋办？我咋参加人家的婚礼呀！"奶奶发愁了。又过了一会儿，奶奶忽然说："快，去你妈那儿，看看有啥好衣服我能穿。"不等奶奶说完，我抢过了话头："奶奶呀奶奶，您多少岁，我妈多少岁，她的衣服您能穿吗？"奶奶眼睛一瞪，有些急了:"怎么啦?树再老也要长绿叶呀,总不能都是干树皮吧!"

妈妈听了奶奶的要求,笑着把她衣柜里所有的衣服都拿出来让奶奶挑。奶奶看了一件又一件,终于高兴地叫道:"我就穿这件!"我一看,原来是妈妈新买的唐装。奶奶把它穿在身上,嗨,果然好看,奶奶马上显得精神多了。我逗奶奶说:"老太婆穿大红大绿的,人扎眼了!"妈妈轻轻地推了我一把:"你知道什么呀!妈,您真有眼力,这是今年最流行的唐装。"奶奶在镜子前转着、看着:"好看吧?哈哈!""哈哈哈!"我和妈妈大笑起来。奶奶笑得那样开心,好像又回到了年轻的时候。

我的"交警"奶奶

朱亦敏

我的奶奶今年六十多岁了。她身材瘦小,满头白发,但整天乐呵呵的。

几年前,奶奶退休了。本该好好享享清福,过一个快乐、清闲的晚年,可她却不愿意闲着,主动当了一名"义务交警"。

事情是这样的,我家住在十字路口的胡同里,胡同里有所小学,每天都有许多孩子蹦蹦跳跳地穿过马路上学。来往的车辆川流不息,孩子们过马路很不安全。奶奶担心孩子们出事,便主动去交警大队报名,领回一面小红旗和一个红袖章,当上了一名名副其实的"义务交警"。

奶奶每天早晨不到7点就去"上班"了。她戴着红袖章,扬着小红旗,指挥着来往的车辆,护送一批批活泼可爱的孩子穿过大街。

晚上,奶奶回到家总喊腰酸背痛,我常常帮她捶背。爸爸妈妈也常劝奶奶,说:"妈,您还是别去干了。瞧您,每天起早贪黑,累得直不起腰,图个啥?现在我们条件好了,您就多享受享受吧!"奶奶听了却说:"我现在还能动,待在家里没意思,接送孩子们过马路，为社会出点儿力做些好事，我心里也踏实。"一天晚上，奶奶病倒了。家里人劝她明天别再去站岗了，而奶奶却摇了摇头，微微一笑。我灵机一动，偷偷地把她的红袖章藏了起来，心想，奶奶没有了红袖章，就去不成了。

  第二天早上，奶奶依旧起得很早。她一边找红袖章一边嘀咕："我的红袖章放哪儿啦？"我躺在床上心里暗暗好笑。可过了一会儿，奶奶居然带上门出去了。我急忙起来，一看，原来奶奶剪了条红布当红袖章绑在胳膊上，拿着小红旗又上岗去了。

  我站在窗台边，望着奶奶那熟悉的背影，仿佛听到了她对过马路孩子们的亲切叮咛声，仿佛看到她扬着小红旗指挥来往车辆的认真劲儿，敬佩之情油然而生。

爷爷的假牙

谭 倩

我的爷爷七十多岁，身体特别棒，但是，他的牙齿却不好，尤其是这几年，一颗、两颗……全掉了，成了名副其实的瘪嘴老头儿，一家人都劝他装一口新牙齿，可他就是不肯。最近，倔强的爷爷终于装上了一口新牙，这是为什么呢？

为了解开心中的谜，上个星期我专门回老家看望爷爷。一进门我就追着问爷爷："爷爷，您这回为什么装了一口假牙呀？快告诉我。"爷爷看着我说："小孩子，别管这管那的。"不得到答案，我决不罢休，于是，我就爷爷长爷爷短地绕前绕后，纠缠不休。最后，爷爷实在没办法了，领着我走到厨房。哇，满满一冰箱的丰富菜肴。爷爷说："这么多好吃的东西，我一颗牙都没有，怎么吃得下呢？"从爷爷的反问中，我已经品味出了一点儿滋味。爷爷又告诉我："我年轻的时候有一口洁白漂亮的牙齿，可它有什么用呢？一点儿好吃的东西都没有，真是浪费呀！"

噢，原来是这么回事。过去和现在可真是不可同日而语。爷爷福气好，几个儿女生活得都不错，特别是叔叔，办起了工厂，当上了老板，生活得红红火火。怪不得爷爷总是住在他家，一年到头很少来上我家几回。

　　看着爷爷满脸的笑容,我连忙撒娇,一定要爷爷到我家住上几天。爷爷无奈,只好一口答应下来,还唠唠叨叨地夸我乖呢!

我的爷爷

李 霞

我家有位老寿星,他有一头花白的头发,长长的胡须,像神话故事里的老神仙,他就是我的爷爷。

爷爷的爱好可多了,比如弹琴、吹笛子、看书报、钓鱼、散步,等等,这些都是他最喜欢做的事。爷爷每天都很忙,天没亮就出去跑步,早饭以后开始看书报,下午就和朋友们凑到一起,吹拉弹唱,一整天都是乐呵呵的。

爷爷有一个毛病,就是睡觉爱打鼾。记得有一次,家里来了客人,半夜的时候,被爷爷的鼾声吓醒了,整晚都没睡好觉。第二天,客人跟爷爷开玩笑:"大爷,您真的不是凡人哪,您那鼾声像打雷一般,吓得我一晚上都不敢睡觉。"

其实,我每天夜晚也会被爷爷的鼾声吵醒。我多次"教育"过爷爷,可是,他还是"屡教不改"。

唉!我最亲爱的爷爷,您什么时候能让我好好睡一晚呢?

难忘的生日

李天佑

在我的童年中,过了许多次生日,但我印象最深的,是我九岁那年的生日。

那天早晨,天气晴朗,再加上是我的生日,所以我的心情格外好。

起床后我穿好衣服,笑嘻嘻地对老爸说:"老爸,你知道今天是什么日子吗?""今天不就是周末吗?怎么了?"老爸头也不回地回答道。见老爸竟然忘记了我的生日,我就没理他,直接跑到厨房问老妈:"妈,你还记得今天是什么日子吗?"老妈说:"什么日子啊?噢,对了,今天停水了,咱们就用前两天提的泉水做饭吧。"

原来爸妈根本就没把我的生日当回事!我跑回房间,扑到床上痛哭起来……

"儿子,怎么了?怎么哭了?"妈妈关切地问我。我大声对老妈喊道:"哼!你们连我的生日都忘了,还记得什么!""傻儿子!老爸老妈怎么会忘记你的生日呢?我们只是想给你个惊喜,你看,蛋糕都买好了,我还做了你最喜欢的鸡翅,你的好朋友们一会儿就到了。"我半信半疑地问："真的？""那当然了！"

果然，不一会儿，我的小伙伴们都来了。妈妈把蛋糕拿了出来，并端出了丰盛的饭菜。我的小伙伴们也送给了我礼物，我感动得热泪盈眶。

我知道，这是爸妈给我的爱的惊喜。

我不是胆小鬼

柳星星

我什么都不怕,就怕打针!只要一看见那长长的针头,我就会觉得背脊发凉、冷汗直冒!

课间,我正跟同学玩得开心呢,突然,张涛在教室门口慌里慌张地大叫:"惨了!要打针了!"什么!打针?我的心一下子提到了嗓子眼儿。

话音刚落,老师和医生就背着大包来到了我们教室,真的要打针了!那银光闪闪的针头不断在我眼前晃动。我的心好像擂鼓般"咚咚咚"地跳个不停。怎么办呢?看看同学们,有的昂首挺胸,一副"视死如归"的样子;有的用手紧抓着袖子,紧闭着双眼,却大叫着"不痛,不痛,一点儿不痛";有的在和同桌比谁胆子大……最气人的是杨帆,他一上去就一把挽起了袖子:"打吧,我可不像柳星星,胆小鬼一个。"一边说还一边对我挤眉弄眼。打完后,他又得意地走到我面前,盯着我说:"喂,柳星星,你敢吗?"我真恨不得在地上找个洞钻进去才好。

这时,"胆小鬼"王丽也上去了……我想,连王丽都不怕,我为啥怕呢?再说我是班干部,应该带头呀!"我不是胆小鬼！"我对杨帆说，然后装出一点儿也不怕痛的样子，大步走到医生面前，慢慢挽起袖子，转过头，闭紧双眼。"别怕，一点儿也不痛。"医生一边亲切地鼓励我，一边在我要打针的地方"挠痒痒"。"你骗我干吗？那么长长的针扎进去，怎么能不疼呢！"我心里想。怎么还不给我打针呢，我转过头看医生，却看见医生笑嘻嘻地看着我："已经打完了，你怎么还不下去呀？是还想再打一针吗？""什么？""已经好了？怎么不痛呀？"我惊奇地问。这下子我也神气了，昂首挺胸地走了回来。

我再也不怕打针了！

小小的奇迹

王海琴

今天,我们班举行了一场紧张而又激烈的"桌上拔河"比赛。

"桌上拔河"比赛你一定没听说过吧?这是一种既有趣又简单的游戏,只要一张课桌和一把直尺就够了。先在课桌中间画出一条线,把直尺的中心点对准这条线。两个同学分立两边,用食指和中指按住直尺的一端,往自己这边拔。只要把直尺全部拔过中线,就算取胜。

我一路过关斩将,几乎没遇上强劲对手就顺利摘取了女队桂冠。男队冠军是袁辛。这时,王老师突发奇想,决定让我们两个冠军来一场"超级争霸战"!教室里一片沸腾。我的天哪!看看袁辛,个子比我高出一头,身子比我壮实一圈,我是他的对手吗?男生们一个个神气十足,似乎不用比赛,胜负已定了。女生们也毫不示弱,纷纷为我打气鼓劲。"狭路相逢勇者胜!赛场上咱们再论高低!"我憋足了一股劲儿。

老师一声令下,我们开战了。我弓着腰,耸起肩,死死地按住直尺,只想把全身力气都凝聚在这两个手指上。我抬头瞟了一眼袁辛，他腰板儿挺得直直的，似乎满不在乎，嘴唇却抿得紧紧的，在暗暗发力呢！我俩不分上下，直尺纹丝不动。突然，我把直尺左右一晃，袁辛反应不及，我趁机拔过来一厘米。初战告捷，我信心大增，又接着发动第二次进攻。可袁辛早有防备，在我晃动直尺之际，他突然加力，反而把直尺又拔回去一厘米。

直尺又回到中线，我不敢轻举妄动，袁辛也只守不攻，两边的啦啦队拼命加油，声音震耳欲聋。渐渐地，我的手指一阵阵发麻，呼吸也变粗了，力气快用完了。袁辛呢，我又瞟了他一眼，他的鼻尖上沁出细细的汗珠，手也出汗了，一点儿一点儿顺着直尺悄悄往后滑。机会来了，胜负就看这最后一战了！我又一次发起猛烈的进攻，把直尺使劲摇晃，边晃边往回拖，毫不松懈。直尺一厘米一厘米艰难地向我这边移动。只剩下一厘米了，女生们忍不住欢叫起来，我使出吃奶的力气一拔，直尺终于全部拔过中线。

男生们个个像霜打了的茄子，女生们则围着我又唱又跳，我甩了甩发红的手指，骄傲地笑了，今天我创造了一个小小的奇迹。

爱，一直在这里

杜　盼

我的爸爸妈妈在外地打工，我一直和爷爷奶奶生活在一起。一家人都非常疼爱我、关心我。可是，自从嘟嘟——我的表弟出生后，这一切都变了。

有一次，我不小心把手指划破了，痛得哇哇直叫，哭着去找奶奶。正在给嘟嘟换尿布的奶奶只是抬头看了我的伤口一眼，说："这么大的孩子了，受点儿小伤还要哭啊，自己去拿个创可贴贴上就好了。"要是在以前，奶奶一定会抱起我，然后疼爱地给我包扎伤口，还会安慰我好半天，可是现在……

这道作业题好难啊，我拿起作业本去找阿姨（嘟嘟的妈妈），阿姨正在给嘟嘟喂奶，说："你自己先去思考一下，一会儿我再告诉你！"我又气又心酸。以前阿姨可不是这样的，她总是耐心地陪着我一起做作业，像妈妈一样温柔。可是现在……

因为失落、压抑，我期中考试没有考好。回到家，我低着头自己生闷气，眼泪不听话地一滴一滴落了下来。这时，阿姨过来了，看了我的试卷后，她没有批评我，而是轻声细语地对我说："一次考试没考好没关系，以后上课认真听讲，好好学习。来，咱们一起把问题搞懂,看看你错哪儿了。"我看着阿姨满是爱意的脸,突然感觉幸福又开始眷顾我了。

我想,以前也许是我太自私了,想把全家人的爱都据为己有,但这是不对的。爷爷奶奶和叔叔阿姨一直都没变,他们给我的爱一直好好的,就在那儿,等着我发现。

这时,嘟嘟又开始咯咯地对着我笑了。

妈妈的脸

郭雨涵

妈妈的脸，前一秒还晴空万里，下一秒就能乌云密布。

"唉，这一次月考的成绩一定不怎么样，刘老师已经说了这次的题目不是一般的难，而且以我平时的水平也只能考九十二分左右，这次看来是没希望了。"我无精打采地对同桌说道。"没事，一切顺其自然吧。"同桌的神情中流露出事不关己的潇洒。

唉，同桌又考到班里第三名，他早知道了自己的成绩，难怪这么淡定！

我只能眼巴巴地看着他刚发的试卷，眉毛顿时皱成了一个"川"字，目光呆滞，仿佛丢了魂一般。突然，老师念到了我的名字："郭雨涵九十四分。"听到这令人振奋的分数后，我立刻笑容满面地上台领取试卷，同桌嘲笑我说："你真是翻脸比翻书都快呀！"下课后我询问了周围的同学，发现他们都考得不太理想。我心里暗暗地感叹：考试成绩出来之后，真是几家欢乐几家愁啊！

回到家，妈妈急不可待地问："考得怎么样？"我故意说："不怎么样。"妈妈立刻愁云满面，呈现出一副哀其不幸、怒其不争的模样,准备开始教训我。我低着头,将试卷递给了妈妈。妈妈看到了分数,突然欢呼起来,脸上的表情也随之发生了变化。原本皱着的眉头一下子就舒展开了,刚刚铜铃般的眼睛已经眯成了一条线,高兴得不知该怎么来形容,真是翻脸比翻书快啊!

"啵"的一声,妈妈喜悦的吻落在了我惊慌失措的脸上,随之又抛出了一句话:"女儿,我为你感到骄傲。"

为自己喝彩

叶 纤

"喝彩",别看它只有两个字,可它的脾气还真有点儿怪!只有付出汗水、勤奋努力的人,才会赢得喝彩。反之,如果懒惰、不求上进,你就永远别想得到它!

我就是一个典型的例子。三年级的时候,我刚刚学会写作文,就想一步登天,以为轻轻松松地就能得到喝彩。于是,我从作文书上抄了一篇作文就去参加作文竞赛了,心想,这回我肯定会拿一等奖,我一定能得到喝彩!谁知,过了一两个月,还不见获奖证书"飞"到我的手中,一篇批评稿却摇摇晃晃地"走"来,上面写着:"叶纤同学抄袭作文,这种行为应该批评……"这回倒好,喝彩没得到,反而引来同学们的讽刺与嘲笑。真是不应该!这次教训让我决定痛改前非,努力写好作文,用努力和汗水赢来喝彩。

从此以后,我刻苦学习,积极阅读,巧妙构思,努力写作,做到多学、多读、多想、多写。功夫不负有心人,我的作文水平日益提高,在原来的基础上迈上了一个新的台阶。正当我沾沾自喜时,爷爷对我说:"你这点儿成绩算什么,比原来好点儿就骄傲，再好也会掉下去，成不了什么大气候。只有勤学苦练、谦虚谨慎才会有所作为。"爷爷的话深深地触动了我，我觉得自己真是太经不起成功的考验了。我把爷爷的话记在心里，它永远提醒我要谦虚，要努力，要为得到喝彩而加油。

终于盼到了这一天，我再一次参加了作文竞赛。过了半个多月，我又收到了一个沉甸甸的信封，打开一看，不再是批评信了，而是一封红红的获奖证书。上面写道："叶纤同学，你的习作《学煮蛋花》荣获二等奖！……"同学们都围着我转来转去，一个个都为我喝彩。我真是太激动了。

我终于得到喝彩了！我用真实的成绩赢来了同学们的掌声。"我真是太棒了，哈哈！"我忍不住大声为自己喝彩。

一次难忘的考试

刘宇轩

还记得那是三年级下学期的第一次考试。那一天,阳光明媚,万里无云,太阳公公露出了笑脸,小鸟在枝头唱歌,好像在说:"一日之计在于晨,一年之计在于春。"我背着书包走在上学的路上,一边走一边唱歌:"太阳当空照,花儿对我笑,小鸟说,早早早,你为什么背上小书包?"

来到学校,数学老师说:"今天考试!""什么?今天考试?"老师的话犹如晴天霹雳,我可是一点儿准备都没做呀。

第二节课,数学老师果然抱着一大堆卷子走进了教室。真是言出必行!我虽然极其不情愿,但我一向是一个好学生,必须要听老师的话,只能安安稳稳地坐在教室里开始考试。

紧接着,考试开始了,我仔细地读着每一道题目,然后紧张地一笔一画把答案写上去,过了一会儿我就答完了,开始仔细地检查。不一会儿,下课铃响了,老师收走了我们的卷子。

老师向来都是雷厉风行的,没过多久,他就拿着改完的卷子走进教室说:"现在我们来宣读成绩。"我的心都快要提到嗓子眼儿了,这时老师念到了我的成绩,高举着卷子叫道:"刘宇轩,一百分!""一百分,真的吗?"我内心的忐忑终于平静了下来,还不免有一点儿小激动呢。

　　到现在考试越来越多了,但那次考试至今让我难忘不已,我相信好的开头是成功的一半,以后我一定会再接再厉,继续勇争一百的!

她，让我难以忘怀

赵惟渊

关于童年，有许多令人难忘的记忆。最令我难以忘记的，是她。

一次，我和她在公园放风筝，刚放了一会儿，就听见了轰隆隆的打雷声，接着就下起了大雨，我赶紧冒雨往家跑。突然，她从后面拉住了我的衣袖，轻轻地对我说："我有伞，我们可以一起回家。"在回家的路上，我清楚地看见，她总是将伞往我的方向倾斜。我到家门口后，全身上下一点儿都没有淋湿，而她的衣服都已经湿了一大半了！我带着歉意对她说："谢谢你送我回家，还害得你淋湿了衣服，太不好意思了。"可是她却笑着对我说："没关系的，我们都是好朋友嘛。"然后她对我甜甜地笑了一下，就赶忙回自己家了。

当我想起这件事时，我不禁望了望远处的风景，远处的大树仿佛在对我说："认识这样一个朋友，你应该感到很开心吧，毕竟她那么关心你。"小草仿佛在应和着大树，也微微点头说："你一定要珍惜这份友情哦！"是的，我一定会倍加珍惜我们彼此间珍贵的友情。

这就是我最难忘的一件事情。哦,对了,忘记告诉大家她的名字了,她叫韩金希,直到现在都是我最好的朋友。

你们身边是否也有一个这样真心对你好,让你难以忘怀的朋友呢?

她的名字叫妈妈

渠凯雁

有这样一个女人，总在我耳边絮叨个不停，告诉我什么是对与不对；有这样一个女人，时时刻刻叮嘱我好好学习；有这样一个女人，告诉我遇熟人要打招呼，要懂礼貌；有这样一个女人，她的名字叫妈妈……

妈妈，或许这个名字就是萦绕在儿女耳边一首永不停息的歌，是流淌在儿女心中一眼永不枯竭的泉，是永远倾吐清辉的一轮明月。

我的妈妈是一位教师，正是这一职业造就了她一丝不苟的性格。我做完一件事，她便检查一下，有不对的地方，她会"毫不留情"地批评我；当然好的地方，也会"毫不吝啬"地表扬与鼓励我。不过，我做事总是毛毛躁躁，所以，受到的批评比得到的表扬多多了。

随着年龄的增长，我遇到什么事总想自己做主，不想再让妈妈多干预。而她，每天等我放学回来，第一句问的都是："学习咋样？"我便会应付地说上几句，露出不耐烦的表情。我在大人面前是一个不善于表达的孩子，甚至碰上熟人连句招呼也不打,她便狠狠地批评我:"都这么大了,还不懂事?不怕人家笑话?"我虽嘴上答应,可心里还是不情愿,熟人来了,我依旧如此。

不听话的我终于吃亏了。那天上学,妈妈一边递给我一把伞,一边又开始了她的唠叨:"天气预报有大雨,把伞带上。哎,这么大的孩子了,怎么一点儿都不听话!"妈妈话还没说完,我已经跑出了家门。倔强的我淋着雨回到了家,当晚就发起了高烧。妈妈不顾外面风雨交加,背上我去了医院。我在医院打点滴,她一夜都没睡,就坐在旁边陪着我。第二天清晨,我迷迷糊糊地醒来,第一眼看到的就是她憔悴的面孔,我哭着对妈妈说:"妈妈,对不起,我以后一定乖乖听话,不惹你生气了。"妈妈慈爱地看着我,摸着我的头,轻轻地说:"没事,没事,听话就好,听话就好……"

每当夜幕降临的时候,看着繁星闪耀的天际,我想悄悄对妈妈说:"妈妈,您就是那颗无名的小星,默默发光,悄悄爱我。妈妈,女儿爱您,祝您幸福!"

感谢您，妈妈

刘诚笑

一株蒲公英随风飘散，去更大更广阔的世界安家，它得感谢风的一路护送；雨后的笋娃娃顶破土壤，用白胖的身体钻出地面，它得感谢细雨的滋润；一只雏鹰长大后能在高空飞翔，看山峦叠翠，看云朵捉迷藏，它得感谢鹰妈妈的哺育以及"鹰式教育"背后的担忧与不舍。世间万物都需要表达自己的感恩之情，同样，我们的成长也离不开同学、朋友的帮助，离不开老师的教诲，更离不开父母多年的养育、关爱。

时光倒退回去年的暑假，那个我记忆犹新的下午。

"路上要小心啊……如果累了要和姑姑讲，停下来休息……哎呀，这天估计得下雨了，你还是别去了吧……"妈妈一直在身边唠叨着，混着满天乌云令我烦躁。"哎呀，进山一会儿就出来了，这天气一会儿晴一会儿阴的，哪下得了雨啊！"妈妈工作的地方在天宝岩脚下，今天顺道而来的表姑想参观，我便自告奋勇地当导游，想一尽地主之谊，根本不听妈妈的劝阻，带着姑姑他们雄赳赳地进山了。

踏上栈道，听南溪流水叮咚，树叶沙沙作响，微风抚着脸庞，我们带着好心情向深山走去。这时，天公不作美，忽然大雨倾盆，阻挡了我们前进的脚步。山路又湿又滑，我的耳畔仿佛又听到了妈妈的唠叨。大伙儿只好冒雨返回，鞋子、裤子都沾满了泥巴，我跑到小溪边冲洗了鞋子，一路光脚走在栈道上，别有一番趣味。

回家后，妈妈拖着狼狈的我走进浴室，一掀裤子，一只丑陋的水蛭正在我的腿上贪婪地吸吮着血液。我吓得号啕大哭，而妈妈却镇定地将水蛭扒下，看着妈妈带着嗔怪的眼神，耳边又响起了妈妈的唠叨，可是，此刻的妈妈让我感到无比温暖。

窗外嗷嗷待哺的小鸟正在感谢母亲的辛勤觅食。我也要对我的"守护神"妈妈由衷地说一声："谢谢您！"

妈妈的妙语

李 哲

我有一位说话十分巧妙的妈妈,她的每一句话都让我佩服。

一次我做作业时,向妈妈说了一些学校的事情,而且还说个没完没了。妈妈说:"莫学麻雀嘴,要学蚂蚁腿。你省下说话的工夫,这些作业早就做完了。"我听了,马上回到写字台前,认真地做起了作业。

还有一回,我满面春风地走到妈妈跟前说:"妈妈,语文卷子发下来了,我考得不好。"说完,还故意噘起小嘴。妈妈看了我一眼说:"真是猪鼻子插葱——装象(相),十七的还想哄十八的,考得不错,对不?"我俩一阵哈哈大笑。

春节早上,我们一家吃饺子。妈妈擀面皮,爸爸包饺子。我说:"爸爸,您包的饺子像一个胖乎乎的小猪。"妈妈随口来了一句:"饺子看馅儿,看戏看旦儿。"爸爸说:"今天过节,别耍你的快嘴了。"妈妈带着不服气的劲儿说:"哪能,旧习惯再改——难!"

还有一次,妈妈的快嘴最让我佩服。那天是星期天,爸爸答应我去公园玩。妈妈下班刚刚回来,爸爸让妈妈一起去,妈妈疲急地说:"刚下班回来,屁股还没暖热凳子呢!唉,嫁鸡随鸡,嫁狗随狗,走吧。"

舅舅想养蝎致富,可又听人说蝎子很难养,就一直没敢行动。他把想法给妈妈说了,妈妈张口就说:"还没见蝎子影,怎么就知道养不成?路不铲不平,事不做不成。大胆养吧!"

有一次,妈妈让我写作业,我说:"明天写吧,明天写吧!"妈妈语重心长地对我说:"不惜寸阴在今日,必留遗憾在明天。一定要珍惜时间!"我却调皮地说:"时间嘛,有的是!"妈妈又补上一句:"黑发不知勤学早,白首方悔读书迟。"我一声不吭,仿佛懂得了,随即写起了作业。

有一天午饭时,表妹不停地扰乱我们吃饭。我问:"妹妹,怎么不吃饭了呢?"妈妈对我说:"她这是斑鸠不吃蚂蚱子——肚子里有!"原来表妹饭前吃了很多零食。

妈妈妙语连珠,我真羡慕她,也很自豪我有这样一位妈妈。

有一种幸福叫母爱

李 晨

我是一个拥有母爱的幸福男孩儿。

那是一个乌云密布的早上,尽管已经是春天,天气却还是阴沉沉的,风似小刀般割着人们的脸。

妈妈送我到公交车站坐车上学。公交车已经到站,妈妈还在我耳边唠叨:"一会过马路小心点儿,下雨的话打起伞,上课认真一点儿……"唉!每天早上都是这一套话,我怎么会有一个这么喜欢唠叨的妈妈呀!

公交车刚走了不久,一场暴雨倾盆而至,雨水像是从天空泼下来似的,车外白茫茫一片,什么都看不清楚。走到了十字路口时,公交车突然停下了。我擦掉玻璃上的水雾,一看,天呀!一辆面包车和一辆大卡车撞在了一起,整个路口被堵得水泄不通。

我看了看手表,妈呀,快迟到了!我急得像热锅上的蚂蚁。下车走吧,这么大的雨,离学校又那么远;坐车上等着吧,还不知道什么时候能到,这怎么办呀?

这时,我听到了一声熟悉的喊声:"李晨,快下来!"转头一看,妈妈正骑着摩托车在公交车旁焦急地望着我。雨越下越大，妈妈被淋成了"落汤鸡"。

我喜出望外，急忙跳下公交车，坐上湿淋淋的摩托车，抱着书包。妈妈转身把伞递给我，说："快打上伞，别淋得感冒了！"

我好奇地问妈妈："你怎么知道这儿堵车？"

妈妈气喘吁吁地回答："隔壁的王阿姨告诉我的，说这里堵车了！我怕你迟到，就赶来了。"

"那您带伞为什么不打呢？"

"打着伞骑得慢。"

"您为什么不穿雨衣？"

"这不是来不及嘛！你把伞打低点儿，别给我打，不然走得慢了又得迟到！"

"可是，您……"

"别可是了，听话！"

我沉默了，慢慢地把雨伞降低了，两行泪水不知不觉流了下来。那是幸福的泪水。

"去了学校跟老师说一声，好好学习……"妈妈又开始唠叨。但我觉得，世界上没有比这更悦耳的声音。

母爱就是如此伟大，如此无私，如此令人感动。我永远也不会忘记。

四季的声音

你好，春天

赵子杰

春天，是一个美丽的季节，在这个季节，万物复苏。很多人把春天和美景联系在一起，在我看来，这一点儿都不假。

春天，太阳非常温和，再加上拂面而来的春风和美丽的景色，真的是天堂般的美啊！春天，山上的积雪慢慢融化，雪水温柔地滋润着大地。小草的种子经过了一个冬天的沉睡，闻到了春天的气息，立刻来了精神，奋力向上，努力发芽。终于，小草探出了它的头，伸伸懒腰，揉揉眼睛，好奇地看着这个世界，看小朋友们快乐地玩耍，看山下的车水马龙和高楼大厦。你们有没有注意到，小草也是一种美景，和其他美景构成一幅和谐的图画。想想看，如果没有小草，树木和花儿是多么的单调，有了小草，树木才显得高大，花儿才显得美丽。

除了为小草的美丽而陶醉，我更喜欢它的精神，很多人从它的身上踩过，而它只是弯一下腰，没过几秒，立刻就直起了腰，真是太坚强了！

我爱小草，更爱美丽的春天，我愿变成一棵小草，去感受美丽的春天。

春天是一首诗

邢亦宣

我喜欢炽热的夏天，喜欢凉爽的秋天，喜欢寒冷的冬天，但我更喜欢生机勃勃的春天。

春天到了，柳树吐出了嫩芽，桃花、迎春花的花骨朵儿挂满枝头，像小小的灯笼在枝头闪着亮光，像一个个小娃娃在枝头嬉戏打闹着。站在桃树旁，耳畔似乎响着银铃般的笑声，仿佛感觉春姑娘就在你的身旁。小草从地里探出头来，努力向上舒展着自己的身体，比赛似的把自己往高拔。我情不自禁地想起那句"等闲识得东风面，万紫千红总是春"。

"沙沙，沙沙……"传来了一阵轻柔的雨声，这如牛毛般的细雨轻轻地下着。雨点落在地上，没有一点儿声音，仿佛不忍心打疼大地、不忍心吵醒小动物似的。小朋友们笑得更欢了，依然在细雨中欢快地玩耍着。雨停了，空气中夹杂着泥土的芬芳，沁人心脾。这的确是"好雨知时节，当春乃发生"。

同学们三个一群五个一伙去公园踏青。一路上，柳树的长辫子倒垂下来，嫩绿嫩绿的，散发出生命的活力。真是"碧玉妆成一树高，万条垂下绿丝绦"。

走进公园,只听见叽叽喳喳的叫声,就知道可爱的小燕子又"搬家"了。瞧!天空中有一只"大燕子",那边还有"蜈蚣"呢!呦,这不是"大老虎"吗?原来是几个小朋友在放风筝,迎着春风,风筝越飞越高,孩子们蹦蹦跳跳地追逐着。

春天是一首小诗,春天是一幅画卷。我爱这生机勃勃的春天。

我最喜欢的季节

李天佑

谈到季节,有人会问我:"你最喜欢的季节是什么?"

我会毫不犹豫地回答说:"春天!"

为什么呢?请听我慢慢道来。

在春天,一切都是生机勃勃、欣欣向荣的。

春回大地,万物复苏,天气渐渐变暖,冬爷爷不知去向,而春姑娘迈着轻快的步伐走来。

看,小草绿了,花儿红了,柳树姐姐也染了发。人们脱掉了厚厚的棉衣,穿上了时髦漂亮的春装,冬眠的动物也都苏醒了过来……一切都是那么美丽,一切都是那么迷人,不再像冬天那样死板。

我陶醉在这美丽的景色中,仿佛我就是春天的一花、一草、一景。我忍不住幻想,把自己种在春天里。我要变成小草,绿得生辉;我要变成小花,开得漂亮;我要变成柳絮和蒲公英,飞啊,飞啊,飞向遥远的地方……

此时此刻,好像时间都暂停了,眼前是一片新绿,还有几朵小花点缀着这幅画。

我看到了，小朋友们在广场上放风筝、跳绳……望着这样的景色，我心头涌起一种愉悦。

此时，我沐浴在春风中，想着："春天来啦！"我也该开始新的奋斗了！

有趣的夏天

马 玉

热辣辣的夏天,太阳无情地炙烤着大地,大地像一个蒸笼,热得让人受不了。大人们躲进屋里,不敢出来,可你们这些小孩子,依然在玩。

对于你们来说,夏天是一位可爱的小宝宝,她欢乐地蹦到你的怀里,尽情地撒着野;又忽地蹿到你脚下,让你带着她,漫游世界。她是那么的快乐,使你忘记了一切的忧愁,陪伴着她,欢呼雀跃。

你与她玩耍着,她又是那么调皮,一瞬间,便无影无踪。找了半天还找不到,这时,你一定急得满头大汗。她在哪里?

她在这儿呢!

你疾步向公园跑去。她就躲在这儿!啊,多么清澈的小河,这不是夏天的眼睛吗?多么翠绿的树木!这不是夏天的衣服吗?多么有趣、活泼的鱼儿,这是夏天的心在跳呀。你陶醉在这一片景色之中。夏天探出了可爱的小脑袋,十分顽皮地望着你,笑了。

你向她跑去,而她却又悄悄地站在你的身后。你回过头来,她立刻避开了你的视线,你只隐隐约约地看见有一个影子,在你的身后忽闪。

你用手从身后包抄过去,捉住了。她终于没有办法再次逃脱,只得乖乖地跟着你,一副懊恼的样子。你哭不得笑不得:"好了,别生气了。"

她点点头,好像懂事多了。

夏天,是一位活泼快乐的小姑娘,可她不免也有点儿像男孩子。她会吹口哨,也会光着脚爬树,像一只猴子那么灵巧。当你批评她的时候,她依然那么无所谓,依然挺着胸脯,吹着口哨。

美丽的夏天,有时又是十分温情的。

当你跳到河里游泳的时候,她变成了洁白的浪花,让你有一种安全感。当你出去纳凉的时候,她化为一阵清风,吻着你通红通红的面颊,拉着你小小的衣襟,吹拂着你的长发。

夏天还给你带来了许多东西:有没完没了唱歌的蝉,有夜里弹琴的蛐蛐……

夏天像一位诗人,但这些诗都不押韵,都没有诗情画意。她所仅有的,是火热、真挚的感情,有了这两点,你就会觉得,这些诗是美好的。

哦,你喜欢夏天,因为她是那么的有趣。

秋天的颜色

李 佳

秋天,不是百花盛开的季节,却有独特的美。我爱秋天,尤其爱它绚丽多姿的色彩。

我爱秋天蓝蓝的天空。秋天的天空蓝得可爱、纯净,一丝云也没有,让人们感到心旷神怡。

秋天的绿也很特别,绿得发亮,让人想起光滑的翡翠。这独特的绿,悄悄地给秋天添上了几分妩媚。

秋天的花儿不多,菊花和桂花却愿意在秋天时奉献浓郁的花香和缤纷的色彩。菊花的种类很多,有凤尾菊、墨菊、金菊……它们竞相开放,一较高下。桂花是金黄色的,小巧玲珑的花朵掩在浓浓的绿叶中,格外好看。当一大片金黄的桂花展现在你的眼前,你一定会感到秋天的美不是平常的美,而是充满丰收喜悦的美。

秋天的稻田,一片金黄,一阵微风吹来,稻田翻起了金色的细浪。果园里,树枝上挂满了沉甸甸的果实,有清香诱人的大鸭梨,有红彤彤的大苹果,有甜滋滋的蜜橘,还有酸溜溜的葡萄……

秋天,是一个收获的季节。

秋天到底是什么颜色,是蓝的?是绿的?是红的?是紫的?还是黄的?

噢,秋天是五彩斑斓的。

我爱冬季

郭凌秀

四季之中,我最爱的是冬季。

为什么呢?因为冬天没有烦人的苍蝇、蚊子,没有让人难受的燥热!

我爱冬天,不仅仅是因为这些,更重要的是因为冬天会下雪哩!

雪飘飘洒洒地落下来,像春天飞舞的柳絮,又像一点点撒下来的棉花糖,也像落英缤纷时的花瓣,甚是美丽。

雪不仅美丽,还可以帮助农民伯伯消灭害虫,湿润土地。民间有"瑞雪兆丰年"一说。这些,都是冬天赐予的。

下雪了,孩子们就有的玩了。

松松软软的雪,可以做成雪砖,多了的话还可以建座雪屋呢!多好玩呀!女生堆雪人,滚一个大雪球,再滚一个小雪球,把它们堆起来,再加上两只煤球眼睛、一个萝卜鼻子、一个辣椒嘴、两根木棍手,萌萌的!男生打雪仗,便是捡些雪,捏成小球,向其他人砸去。砰!中了,那人又砸回来,哗!没中,倒砸中一群女生,然后又被一群女生群砸。虽然总是免不了被砸,但依旧很开心;虽然总是免不了被追打,但是仍旧是那么快乐!

我爱冬季。

春天的赞歌

马 明

你悄悄地走来,带来了生机,带来了朝气,你向人们展开了一幅绚丽的图画。

你悄悄地走来,走近大地,用蒙蒙细雨把所有生命轻轻地唤醒。

你悄悄地走来,走进树林。树林像个孩子,在你的怀抱里慢慢地张开已沉睡一冬的眼睛。它的生命,又一次站在了新的起跑线上。

你悄悄地走来,走进花丛。花儿把那娇媚迷人的面孔绽开:有的洁白如玉,有的金黄灿烂,有的粉红像霞……它们那样楚楚动人,那样婀娜多姿。它们的芳香使人如痴如醉。花儿们在风中摇曳,跳起动人的舞蹈,唱起了春天的欢歌。

你悄悄地走来,走进河塘,用温暖把冰层敲开,把鱼儿唤醒。

你悄悄地走来,攀上了树梢。小燕子跳起了舞,黄莺唱起了歌。

叽、叽、叽……

喳、喳、喳……

啊,一曲春天的赞歌从树梢传来,它是那样动听,它是那样悦耳。

你悄悄地走来,走进稻田,走进果园……你走到哪里,哪里就美丽迷人!

我喜欢你,喜欢这万物复苏、鸟语花香、朝气蓬勃的春天!

四季的声音

肖静娴

你一定会听见的。当春姑娘吹着口哨向我们走来；当微风轻轻地为柳树姐姐梳头；当小溪流从冰被子里钻出来，叮叮咚咚地敲着小鼓叫醒别的溪流；当小朋友在书香弥漫的教室里朗读……你总该听到些什么了吧？

你一定会听见的。当夏哥哥坐着轰隆隆的"雷车"来到人间，当小雨点在屋檐上丁零当啷弹奏着一串串动听的乐曲，当小青蛙在荷叶上呱呱地唱歌，当小鱼跳出水面呼吸新鲜空气，当小朋友在游泳池里溅起水花……你总该听到些什么了吧？

你一定会听见的。当秋阿姨唱着丰收的赞歌向我们走来，当片片枫叶从空中飘落，当农民伯伯在田地里收割谷子……你一定听到了那丰收的喜悦。

你一定会听见的。当冬爷爷坐着神奇的飞毯，吹着呼呼的北风来到人间；当洁白的雪花为大地盖上白被子；当小动物们发出冬眠的鼾声；当小朋友们在雪地里打雪仗……你一定听到了那幸福的欢笑声。

用心听吧，你一定会听见的。然后你会微笑：我们这个世界的声音是多么丰富、多么美妙。

日　落

史英娇

　　我站在一座小山上，看着活跃了一天的太阳渐渐向下滑落，结束了光辉的一天。

　　阳光已不再刺眼，发出诱人的红，就像樱桃红般柔和，原来它也有温柔的一面。周围的云被染成了淡淡的粉色，好似仙女飘逸的纱带。此时的太阳就像一个害羞的小姑娘，红扑扑的脸庞格外美丽。

　　它慢慢下降着，可又似乎被人间的美景吸引，想多看几眼，时而短暂地停顿着。天边就像一幅五彩斑斓的油画，一片粉红渲染了天空，可丝毫不觉得单调。有些慢慢变成了紫红，就像人生的中年期，多了一丝稳重，多了一分精彩。最远处还是淡淡的粉红，如荷花的红一般，就像人生的少年期，多了一丝纯真，多了一分稚气。中间大片的是桃花般的红，比粉红多一丝深厚，比紫红多一分激情。这就是人生最为精彩的青年期吧，充满青春与活力，装点着人生。

　　顷刻间，太阳已越来越接近山边，我眼睛一眨都不眨，生怕一不留神就让太阳溜走了。它像个调皮的小孩子，轻轻一跳，就躲在山下，留下的只有那多彩的晚霞。

好美的一幅画！能静静地在这里观赏日落，也是一种幸福！

家乡的小河

王楠楠

我的家乡在河南省的一个小山村，村前有一条小河，它美丽温柔，记录着我童年点点滴滴的欢乐。

春天来了，河边的小草开始发芽，嫩黄的脑袋从黑色的土地里探了出来，身旁是它母亲淡淡的足迹。倘若这时连下阴雨，并且下得时间长，小草的旁边有时就会长出一种被我们称为"丽菌"的菌体——很小，却非常好吃，包在菜包子里，那味道甭提有多香了，但它很少长出。从我记事到现在，只有两年出现过。在别的地方，很难找到它。

夏天是小河最热闹的时候。清澈见底的河水旁总少不了垂钓者的身影，而渔翁则在深水处撒网。在水草多的地方，有人逮螃蟹和虾。半深不浅的地方，时常浪花飞溅，那是一些调皮的小孩儿在洗澡、打水仗。草地上，放羊的少年在"地洞"里下棋、打扑克。"地洞"是这些放羊的孩子们闲了没事，在地下挖的避太阳的洞，只能容下三四个人，多挖在陡坡上，以便看好羊，在里面下棋或打扑克舒服得很。

秋天，这里最富有。只要看见附近有烟，跑到那里准能吃上烧熟的苞谷或黄豆。苞谷被烧得灰不溜秋,别以为不卫生,你只管拿着吃,它是在火上烧的,还怕有细菌吗?这里的人很大方,无论谁在吃,只要看到你,他总会热情地邀请你一同享用。黄豆又脆又香,花生就更多了,河滩地多种花生,你想拔就拔,生吃熟吃都行。还有红薯等,好吃的东西多极了。

冬天,这里最有情趣。河面结了一层很厚的冰,一些小朋友在鞋底垫上块木板,在冰面上滑冰,有的人则去逮鱼。你也许会问,天寒地冻的,哪里有鱼?这下你可错了,这时才是逮鱼的好机会,因为天冷了,大鱼都藏在泥里,只露个背。它们这时"傻"极了,用手把它抓起来,它也只是摆下尾,直到提出水面,在岸上它才挣扎了起来。若嫌冻手,用网兜也可以。

小河,她像一位温情的小姑娘,给我们带来了无限乐趣。

梦中的孤山

王东东

孤山坐落在泾县的一个小镇边。因为它在周围山群中最高，所以"山"字的前面加了个"孤"字。那个小镇便叫孤峰镇。

几年前的寒假，我曾跟爸爸去过那儿。我去时，那座山很绿，太阳刚为它脱去了白色的雪衣。它显得格外年轻，充满蓬勃的活力。

传说很久以前，这里有一条大蛇。每到清晨，它把整个山盘起来，头伸到河里去喝水。一天，有两个上山砍柴的人走累了，坐下休息，还不知道屁股下是条蛇。当蛇准备吞掉俩人时，来了一只有魔力的鸟赶走了蛇。听姑妈说鸟一生气，整个泾县就会发洪水。孤山这思考问题的老者大概就是思考怎样让鸟高兴，好保护生灵不受灾害吧！

孤山的山上长了许多竹子，高大而粗壮。竹子底下有竹笋。我和表哥经常上山挖笋。孤山高兴了赏我们几个笋，有时不高兴我们只得空手而归——孤山脾气还挺怪呢！

山脚太阳照不到的地方有个小塘。我去塘边玩，它不跟我玩，自己冻住了。我想：不跟我玩算了，你的冰冻不照样让我敲吗？我捡了块石头敲着冰冻，那声音在山中跑，多好听的音乐呀！我当时要有录音机一定把它录下来。

塘的对面有只小松鼠正在打开薄冰喝水，十分可爱。表哥说我来得不是时候，若是寒冬腊月来，塘里的冰很厚，在上面滑冰可带劲啦！我却不同意地告诉他，现在也不错呀！说完，随手将敲开的冰块砸到冰面上，哈哈，一滑老远，真有趣……

孤山真叫人流连忘返，我恨不得将家搬去住。虽然已经几年没去孤山，但它却常常走到我的梦里来。

家有萌宠

郭瑾萱

我家有一只萌萌的宠物,它是一只小鸭。这个小精灵特别可爱,小小的脑袋上面有两颗黑宝石似的小眼睛,亮晶晶的。它的眼睛下有一张又宽又扁的嘴巴,叫起来"嘎嘎"的。它嘴上有两个小枣一般大小的鼻孔。细细的脖子上像披了一条花围巾。圆鼓鼓的肚子使它走起路来扭来扭去!它的脚长得很奇特,细细的脚趾中间还有一层蹼。

小鸭吃饭可有趣了!一天早上,我趁小鸭不注意,就偷偷地跟踪它,想观察它吃饭的样子。小鸭警觉地查看了四周,好像是怕别人看到它吃饭的傻样子。发现四周没人,小鸭一下就把头埋进食物中,它的屁股翘得高高的,还不停地扭来扭去,样子可真滑稽。它吃饱了,又撅起屁股喝水。不料,一不小心栽进了水里,跌了个四脚朝天,傻傻的样子让人忍俊不禁。

妈妈告诉我,游泳是小鸭与生俱来的本领,谁都比不过它!可是我一直都不相信。那天,我想试探一下小鸭的游泳本领,就找来一个大盆,里面装满了水,然后把小鸭抱出来,打算亲自出马教它游泳。没想到,刚刚把它放进水里,它就扑棱棱华丽地游了起来，让我惊叹不已，果真是天生的游泳健将！

小鸭还有个外号叫"警犬"。有一回，妈妈让我去小卖部买东西，我一路上蹦蹦跳跳，小鸭也兴奋地"嘎嘎"乱叫。进入商店，准备付钱的时候，我一摸口袋，糟糕！我的钱丢了！我正着急呢，"嘎嘎"，小鸭冲我叫着，再仔细看去，它的嘴里居然咬着我丢的钱。小卖部的叔叔笑着逗我："你这是带着警犬出门的啊！"从此以后，小鸭的外号就这样产生了。

我喜欢我的小鸭！

我喜欢的小狗

刘 珊

小时候,我特别喜欢小狗,可爸爸妈妈都不同意在家里养狗。我和弟弟一直软磨硬泡,爸爸妈妈见我们如此喜欢,也只好向我们"投降"了。

有一天,我和弟弟放学回到家,还没进门,就听到了家里"汪汪汪"的叫声,我俩高兴地都跳起来了。进门一看,真的是一只小狗!它穿着一身黄色的外衣,眼睛像两颗晶莹剔透的黑宝石。它的鼻子十分特别,像被粉红色的油漆染过似的,鼻孔小小的,惹得我直想摸摸它那湿湿的鼻子。它的尾巴不停地摇来摇去,尾巴尖上还有一小撮杂毛。我觉得它是世界上最可爱的动物。我和弟弟商量了大半天,因为它虎头虎脑的样子,决定叫它"小虎"。

小虎睡觉时很可爱。它最喜欢在有太阳的地方睡觉,一边晒太阳,一边睡觉,不时还伸个懒腰,然后打个哈欠,便像小猪一样呼呼地睡着了,真是一只大懒狗。

小虎睡觉的时候很安静,可是一醒来就开启了"疯狂模式"。有时,院子里的花草会引来漂亮的蝴蝶,小虎发现以后,兴奋得不得了，一直追着蝴蝶跑。如果抓不着，便向我跑过来，直直地站起来，前爪放在胸前，像是给我拜年似的，求我帮它捉蝴蝶。特别有趣！

小虎不仅贪玩，而且还很贪吃。它只要看见我手里有食物，便立马变成癞皮狗，追着我不放。我把食物往上高高一提，它就高高地跳起来，尾巴着急地摇个不停，然后又使出它的必杀技——卖萌，那可怜的眼神仿佛在说："主人，别逗我了，我快饿死了。"每次它一使出这招，我就只好无奈地喂给它吃。

有一次，我补完课回来，想要换拖鞋穿，发现我的一只拖鞋不知道跑哪里去了。我满屋子寻找，东找找，西找找。这时，听见小虎"汪汪"的叫声，我循着声音走去，原来小虎被困在了床底下，我用力把它拉出来，才看见小虎嘴里叼着的，正是我遍寻不到的拖鞋。看着这调皮的小家伙，我真是哭笑不得。

这就是调皮、乖萌的小虎，你们喜欢它吗？

我家有只波斯猫

马红音

奶奶送了我一只可爱的、刚满月的波斯猫。它胖胖的、圆滚滚的，披着雪白雪白的长毛，用手一摸，软软的、暖暖的、滑溜溜的，像一个小白绒球。它虽然才刚满月，却长着长长的胡须，一抖一抖的，又神气又漂亮。我很喜欢它，于是就给它起了个高贵的名字——白雪公主。

白雪公主一来我家，就急着要"小解"，我只好把它领到卫生间的一个角落里。它可真讲卫生，就这么一次，每次大小便它都会不声不响地溜到那里去。过了几天，它身上有点儿脏了，我就想给它洗个澡。刚开始，它还有些反抗情绪，当我给它揉沐浴露时，它就显出很舒服的样子，任凭我摆布了。

它很活泼、很贪玩，一个线团，一个乒乓球，它都会高高兴兴地玩上一阵子。你瞧，它先好奇地把线团打量一番，见线团很"老实"，它的胆子就大了起来，开始滚线团，越滚越欢，有时还机警地向四周望一望。

白雪公主也有惹我生气的时候。有一次，我把写好的作文放在桌上就出去了，可回来时，那张作文已经被它撕碎了，而且碎得不可收拾。我真想狠狠地教训它一顿，可一见它那可怜巴巴的样子，心一软，就饶了它。它则跳上桌子，一会儿围着我不停地叫，一会儿舔我的手，好像在做检讨，又好像在安慰我。

后来，白雪公主被爸爸送人了，可我却忘不了它那可爱的样子和举动。

可爱的咪咪

李望达

有一天,我妈妈从姨妈家带回了一只小猫,我给它起名叫"咪咪"。

咪咪最喜欢玩"抓球球"的游戏,它玩的时候,抓一抓,看一看,然后再滚一滚。忽然,球从高处滚下去了,咪咪"嗖"地一下就跑向角落,然后缩着身子,四处张望,仿佛干了坏事害怕挨打一样。

咪咪经常跟在人左右,还时不时地抓你几下。如果你火了训它几句,它会立刻就跑,还因为跑得急,好几次撞到了椅子,可是一会儿,它又回到你身旁抓来抓去。因为咪咪爱抓来抓去地玩,我家的沙发都让它抓得伤痕累累,妈妈很心疼,我却不以为意。

咪咪可馋了,只要看见我们吃饭,它就跑过来仰着头"喵喵"地叫,如果你不赶紧给它点儿吃的,它就会蹦来蹦去、跳上跳下,直到你把饭也给它点儿,它才会安分一些。

咪咪小时候最爱吃的是火腿肠,长大点儿后它最爱吃的是"糖泡小黄鱼"。它吃的时候可好玩了,一边吃,还一边"喵呜喵呜"地叫着,仿佛在说:"嗯嗯嗯,糖泡小黄鱼真好吃,我还要。"

我家的咪咪真可爱!

童年如诗

相信科学

马 琳

鸡蛋能在平滑的地方站立吗？当然能啦！我就亲眼见过！

昨天中午，妈妈带弟弟到田野里挖野菜。弟弟可欢腾了，不时地翻跟头、打滚儿，还兴致勃勃地去捕蝴蝶。突然，草丛里蹿出一只野兔，弟弟吓得"妈呀"一声惊叫。

回到家里，弟弟像霜打的茄子——蔫了，妈妈只好哄他睡觉。吃饭时，妈妈怎么也喊不起来弟弟。"大概是吓掉魂儿了。"奶奶说，"拿个鸡蛋来，站一站，要是站住了，就是吓着了，叫一叫就会好的。"我马上拿来鸡蛋，奶奶在锅台上画了个"十"字，把鸡蛋放在"十"字的交叉点上。我在一旁纳闷儿地看着，奶奶边轻轻扶住鸡蛋，边小声喊着："洋洋，回家吃饭了……"神了，那鸡蛋真的站起来了！

下午，弟弟好了，又像打足气的皮球，活蹦乱跳地满院子乱窜。这事很快被我传到班里，很多同学拿来了鸡蛋，可是无论怎样喊别人的名字，鸡蛋就是站不起来……教室里乱哄哄的，结果被老师发现了。

当老师了解事情的原委后，他笑着拿过一个鸡蛋，把鸡蛋轻轻站在讲台上,"马琳,回家吃饭了!"那鸡蛋竟也站起来了,而且是小头站立。我没有掉魂儿,鸡蛋怎么也站住了?教室里一片惊叹声。望着我们一脸的困惑,老师说:"你们能对一些不明白的事去验证,这很好。你们说,站鸡蛋跟吓掉魂儿有关系吗?马琳的弟弟好的原因是他睡足了觉,养足了精神,跟站鸡蛋没有任何关系。你们看,掌握住平衡,轻稳地捏住鸡蛋放一会儿,就会站住的……"随着老师的演示,课桌上的蛋一个个站起来了。

这个站鸡蛋的故事,提醒我们,要相信科学,不要迷信。

记一次拔河比赛

康嘉宝

今天,太阳被乌云遮住了,天空灰蒙蒙的,要下雨的样子。尽管这样,也丝毫不能影响我激动的心情。因为今天下午,学校要组织一次盛大的拔河比赛。

比赛还没开始,操场上已经人山人海,热闹非凡了。同学们紧张地等待着比赛的开始。

比赛开始了,第一场比赛是我们班和五年二班,看着对面好几个小胖子,再看看我们,一个个瘦得像麻秆儿,我们就紧张得不行,能拔得过他们吗?果然,还不到三分钟,我们就输掉了第一场。

这时,陈老师让我们围了一圈,悄悄地跟我们说:"别看他们胖,咱们力量也不差。大家一会儿听我指挥,我喊一、二,大家一起使劲,我们一定能赢!"听完陈老师的话,我们将信将疑。第二场,我们班和五年二班对调了位置,再次交战。这次呀,同学们都用尽全力地拉着那根绳子,随着陈老师的喊声,把力气都使在了一起。看我们班的康宁镜同学:他紧闭双眼,咬紧牙关,向后倾斜,浑身上下都开始哆嗦了。终于,皇天不负有心人，绳子一点点向我们这边移了过来——我们班赢了。

这时场上的比赛已经是1∶1平局。关键时刻来了，有了第二场的胜利，同学们个个精神抖擞，信心十足。可是，对手居然也学着我们，喊起了口号，最后一局，尽管我们拼尽全力，可是还是输了。

虽然输了比赛，但我们都没有不开心。因为我们努力过，虽败犹荣！

小树林里的童年

刘建芳

我爱村前那片小树林,因为在那里我度过了五彩的童年,在那里我编织了童年的梦。

在阳光明媚、百花争妍的季节里,那些小柳树也不甘落后,急急地抽出芽苞,在春风里拂动。这时候,我们几个小伙伴跑进小树林,折根柔软的柳枝,制口哨。小明制了个特别大的,吹起来"嘟嘟"响,特像老牛的叫声,顿时把我们几个笑得前俯后仰。东田制的老是吹不响,我们几个轮流给他制。每人制一个口哨,放在嘴上吹个没完。"吱——吱——""叽——叽——"再加上小鸟快活的歌唱,树林里好像是在举行演唱会。

不知什么时候,树林里响起了蝉的歌声,哈哈!夏天到了。这时候,我们几个伙伴顾不上吃晚饭,便来小树林里集合,然后分头行动。我们都把眼睛瞪得大大的,找啊找,不用说,你一定猜中了,是在找蝉虫。我们几乎每天晚上都要把小树林搜个遍,只差没把地皮翻过来了。我们不舍得吃一个蝉虫,把蝉虫都送到村前的饭店里,用换来的钱买本子、买书。

渐渐的,蝉儿隐去了歌声,几片枯叶悄悄地落了下来,秋天到了！人们带着一大包一大包雪白的棉花从这里路过。又是一个丰收的季节，你看树林里的果树乐弯了腰，石榴更是欢喜，笑得合不拢嘴。

  伴随着丰收的喜悦，我们迎来了寒冷的冬天。这时，我们最盼望的是下雪。终于，天公满足了我们的愿望。于是我们又来到小树林里，堆雪人，打雪仗……你看，那棵小树后面藏着一个"敌人"，我拿起雪球朝那边掷去。"哈哈……打中了，打中了。""哈哈哈……"树林里回荡着快乐的笑声。

  小树林，我童年的乐园，你将永远留在我的记忆里。

可爱的朵朵

左小茜

太阳照着大地,地上的水蒸气随着温度的升高而慢慢蒸发上升,遇到高空的冷气流,水蒸气凝成了活泼可爱的小云朵——朵朵诞生了。

朵朵快乐地上下翻腾,一双好奇的眼睛瞧瞧这儿、望望那儿,这个世界多美啊:翠绿的山冈、清澈的小溪、美丽的小鸟……她心里别提有多高兴了!忽然,她看见了一片黄土,那山冈光秃秃的,山下的河流泥糊糊的,朵朵有点儿忧伤了……

远处走来一队青年,初升的太阳映红了每个人的脸,小伙子们扛着劳动工具,姑娘们抬着一棵棵小树苗。小伙子们用铁锹翻土,挖出一个个小坑,姑娘们半蹲着轻盈地往小坑里栽树苗,随后用土把坑埋好,再用脚重重一踏,小坑被踏平了。然后姑娘、小伙子们从山下的河流中挑来浑浊的河水,浇灌这些小坑,他们累得气喘吁吁、汗流浃背。

朵朵睁着好奇的眼睛看了半天,她终于明白了这些大哥哥、大姐姐正在绿化荒山。"我能为他们做点儿什么呢?"朵朵想,"我一个人的力量太小了呀。"突然,朵朵灵机一动,开始忙碌起来。她从东飞到西,从南飘到北,聚拢了许多白云,伙伴们越聚越多,云层越来越厚,云块越变越大。"乌云来了,要下雨啦!"种树的人们欢呼起来。朵朵和小伙伴们晃动着身体,变成了晶莹透明的小雨滴,纷纷飘落在这块干涸的土地上。

"哇,太好了,这场雨来得正是时候。"人们高兴得赞不绝口。

朵朵和小伙伴们听见了,心里暖烘烘的。

无数的雨滴,落到了荒山上,滋润着满山的树苗。

我想有个家

寇欣媛

夏日的清晨,一棵小树迎着晨曦醒来了,经过一夜的休息,小树特别精神。太阳升起来了,树叶上的滴滴露珠都消失了,只有一滴露珠藏在小树的"怀抱"里,好像在期待着什么。

小树问小露珠:"你在想什么呢?""我……我想有一个家。""原来你没有家呀!""是呀!"小露珠带着哭腔答道。小树说:"你别难过,让我帮你找个家。"小露珠喜出望外:"真的?""当然了。"小树唤来蝴蝶:"蝴蝶妹妹,请你帮小露珠找个家吧,好吗?"小蝴蝶看小露珠怪可怜的,就说:"小树哥哥,就让小露珠住在我家吧!"小露珠说:"好啊,好啊!"说完,就骑在小蝴蝶的背上,小蝴蝶带着它飞向自己的家。

小蝴蝶家有松软的床铺、漂亮的大彩电……真是应有尽有。小蝴蝶拿来一个精致的小盒子,说:"小露珠,你就住在这儿吧!"小露珠高兴地蹦来蹦去。

有一天,小蝴蝶在学校才上了半节课就头晕,向老师请了假回家。小露珠看见小蝴蝶病倒了,就用热毛巾敷在它的头上,匆匆走出家门，去找医生。

医生来了，给蝴蝶看看，说："这是冻感冒了。"原来，小蝴蝶因为怕小露珠蒸发，于是不生火，还吃冷的、喝凉的。小露珠心疼极了，连忙生上火，火一着，小露珠就化作水蒸气，升上了天空。

这时，小露珠才意识到，自己不会有一个真正的家了。

圣诞晚会

贾 晋

"叮叮当，叮叮当，铃儿响叮当……"清泉酒店里传来一阵热烈的掌声，吸引了翩翩起舞的蝴蝶，吸引了枝头上叽叽喳喳的小鸟，吸引了田间的青蛙……

这是"月牙儿歌"在清泉酒店举行的圣诞联欢晚会。随着动感的音乐响起，草坪上渐渐热闹起来，一条条五彩缤纷的彩带挂了起来，一盏盏绚丽多彩的吊灯不停闪烁，红彤彤的墙壁上贴着圣诞树，银光闪闪，到处都充满了节日的欢乐气息。

小主持人在台下练着嗓子，准备上台表演的同学在下面做热身，老师握着拳头为他们加油助威，松柏摇着树枝好像也在为我们加油，小草也用力地摇晃着身子好像在跳舞，为我们缓解压力，天上的云哥哥也来了，它像一个指挥官，指挥着各种动植物为我们欢呼。

伴随着热烈的掌声，活动拉开了帷幕。小主持人走上台，流利地讲起了开场白。只见女生们都穿着颜色鲜艳的衣服，宛如是从安徒生童话里走出来的公主一般。男生们也不示弱，穿着黑色的西装，脚下踩着黑皮鞋，走起路来咯噔咯噔响，像一群小绅士。会场再次响起了暴风雨般的掌声。

"让我们一起来倾听,康盼盼等同学带给我们的《小酒窝》。"主持人介绍道。

"我还在寻找一个依靠和一个拥抱……"他们的歌声极其美妙。你瞧,观众席中最后一排的男生直接踩在椅子上,全神贯注地看着表演,不愿错过任何一个镜头。全场的人都竖起大拇指赞叹。

节目一个接一个,气氛到达了高潮……

不知不觉表演已经结束了。到了发奖状的环节,老师喊道:"发'月牙儿歌'看书最多奖。"我心想,肯定有我,因为我已经坚持五十三天了,能没有我吗?"贾晋,康盼盼……"我真不敢相信,老师真的喊了我的名字。我很自豪地站在台上领取老师发给我的奖品,心里默默地乐开了花。

礼炮再次点响,震耳欲聋的炮声,牵动着我们每个"小月牙儿"和全场叔叔阿姨的心。老师说道:"在新的一年里,祝我们全体'小月牙儿'能写出更好的文章。本次圣诞联欢晚会圆满成功!"晚会结束了,但我们全体"小月牙儿"的心,却久久不能平静。

神奇的魔术

肖飞鹏

　　面条——嗨！谁没见过？谁没吃过？什么汤面、凉面、炒面、快餐面……且慢，且慢！那你见过吃纸面条的吗？我就亲眼见过，这绝对不是吹牛哦！

　　那天，老师带着我们来到"文化中心"观看了一场精彩的魔术表演。最令人惊奇的就要数"吃纸面条"啦！

　　在轻快的乐曲中，走上来一位年轻的魔术师。他身穿蓝色燕尾服，系着深色领结，显得彬彬有礼。他拿起了一张大白纸，高高举起来，正面、反面都亮了亮，再轻轻一抖，"哗哗——"没错，就是一张普通的白纸呀！把纸对折一下，他又不慌不忙地拿起剪刀，把纸剪成一条条细细的纸条。这是要干吗呢？我们都挺纳闷儿的。纸条剪好了，魔术师又端起一个搪瓷大碗，碗口面向观众，用木筷敲敲，"当当——"碗底面向观众，再敲敲，"当当——"声音同样清脆。普普通通的搪瓷碗，看不出有什么稀罕。魔术师把那些纸条一股脑儿全放在大碗里，拿起筷子搅呀搅。半晌，他挑起来看看，再搅再看，总是一堆白纸条。他好像不知所措了，摸摸后脑勺，傻愣在那儿。剧院里哄堂大笑。就是嘛！在一千多双眼睛的注视下，他还能搅出什么名堂来？

这时，上来一位阿姨，手里拎着个暖水瓶。魔术师连忙让她给自己碗里倒点儿开水。顿时，碗里热气腾腾。魔术师连忙拿起筷子，搅得更带劲啦！难道白开水能把纸条泡成面条吗？剧场里静悄悄的，大家都屏住呼吸，目不转睛地盯着他的双手。随着筷子的搅动，魔术师脸上露出了笑容，得意中带着一丝神秘。他又挑起了碗中的纸条。啊！——他挑起的竟然是一筷子的面条。我简直不敢相信自己的眼睛。就这会儿，面条已吸进了他嘴里，他尝了尝，味道似乎还不错，又大口大口地吃起来，吃得津津有味。

奇迹！真是奇迹！一张毫不起眼的大白纸，居然在众目睽睽之下变成了一碗美味的面条！魔术师精彩的表演，真让人赞叹不已！剧院里爆发出一阵雷鸣般的掌声。

谁最富有

武 前

"瞧，我的圆珠笔是带彩灯的。""我的书包是进口的，一百五十元呢！""我的文具盒是多功能的。"……不用猜，准又是我们班的那些"大款"们在攀比了。这事像一阵风似的，很快吹到了班主任老师的耳朵里。下午的班会课上，老师说："今天我们来召开'攀比会'，比一比班上谁最'富有'。"我惊讶极了，平时是非分明的老师怎么一反常态了呢？

班上的"淘气王"李刚站起来说："我觉得最富有的是小哲，他每天的早饭，不是牛奶就是面包和火腿肠，看得我直流口水呢！"被提到的小哲一脸的得意。老师接着问："还有比他更'富有'的吗？"号称"外交官"的王涛一本正经地说："要说最富有呀，我看应该是小东了，你看他从头到脚哪件不是名牌？一双旅游鞋就三百元呢！"他的话音一落，同学们都发出啧啧的赞叹声，不约而同地把目光投向了小东。大家你一言我一语，热闹地议论着。我也站起来说："王平同学衣着简朴，从不乱买零食吃，可成绩总是名列前茅。他有丰富的知识，所以我觉得他是我们班最富有的同学。"

老师这时微笑着说："嗯！武前同学说得很好，王平同学虽然没有高档的衣服和学习用品，可是他的知识很丰富，成绩总是很好，他完全可以算得上一个'富有'的人。如果我们每天只是互相比吃比穿的话，哪还有时间投入到学习中？我希望我们每个同学都能够理解'富有'的真正含义，做一个真正'富有'的人！"

这节课在同学们热烈的掌声中结束了，这场独特的"攀比会"也让我很难忘。

拔 河 记

贾钰渊

"加油,加油!"一阵阵欢呼声响彻云霄,引来了在树枝上唱歌的小鸟,引来了顽皮的小狗,也引来了路上的行人。到底是哪里传来的声音呢?原来是学校在举行拔河比赛。

比赛即将开始了。操场上聚集了好多好多人!学生们凑在一起议论纷纷,老师忙得不可开交,一会儿给学生们讲拔河比赛时的注意事项,一会儿给学生们讲一些技巧。参加拔河比赛的选手们个个精神抖擞,斗志昂扬。有一个选手,昂首挺胸,摩拳擦掌,仿佛他已经胜券在握。啦啦队员已经喊破了嗓子,火药味弥漫着整个操场,我的心里像揣了一只兔子似的,怦怦直跳。我们会赢吗?我们能赢吗?冠军到底花落谁家?

"嘟——"随着裁判的一声哨响,紧张的拔河比赛开始了。同学们站成弓字步,身体向后倾,双手像一把大钳子紧紧地抓住绳子往后拉,最后一位同学干脆一屁股坐在地上。拔河的队伍远远望去,犹如一只凶猛的狮子。你瞧,张志斌的眼睛瞪得大大的,咬紧牙关,脸憋得通红……绳子中间的红绸子,左右摇摆不定。同学们个个使出了全身的力气,用力向左拉。对方的同学也凶猛得像只狮子，使出了吃奶的劲，用力向右拉。好几分钟过去了，比赛一直僵持着。啦啦队一边用震耳欲聋的声音大喊着加油加油，一边用手用力向后挥，身子向后倾，好像要帮拔河的同学用力似的……大约又过了五分钟，比赛以我们班的胜利告终。

我们欢呼雀跃，高兴得一蹦三尺高。而对手班的同学垂头丧气，像泄了气的皮球。这次的拔河比赛，使我明白了一个道理：团结就是力量！不过，比赛的宗旨是友谊第一比赛第二，我也要为我们的对手鼓掌喝彩！

第一次自己睡觉

康紫馨

"唉!"大家知道我为什么这样唉声叹气吗?

今天放学刚到家,爸爸妈妈就"义正词严"地跟我说:"馨馨,你已经长大了,以后不能再和爸爸妈妈一起睡了,我们已经帮你把小卧室收拾得漂漂亮亮的,从今天开始,你自己一个人睡觉。"我心想:有些比我大的孩子还跟父母一起睡觉,我还这么小,你们就让我自己睡?哼!

可生气归生气,爸爸妈妈这次是吃了秤砣——铁了心,一点儿商量的余地都不给我留。我十分不情愿地躺到床上,看着空荡荡的房间,我紧张起来。我好像看见窗帘在不停地飘动,"难道有怪物?"我害怕得要命,脑海里不禁出现了许多电视里怪物的模样。我赶紧闭上眼睛,一下都不敢睁开。嘴里不停地数着:"一只绵羊,两只绵羊,三只绵羊……"努力地想要进入梦乡。

可是,过了好大一会儿,我还是睡不着。我又想,床底下会不会有老鼠、蟑螂之类的东西呀?我更加害怕了。这时,我突然想起了英勇无比的黑猫警长。我连忙起身打开台灯,找了一支笔,在纸上画了一个黑猫警长,把它贴在了床头,这下,我觉得安心多了。很快,我就睡着了。

可是,我做了一个梦。梦到了一个妖怪把我捉走了,我吓得哇哇大哭。哭声惊醒了爸爸妈妈,他们都过来哄我。我埋怨他们让我一个人睡觉,可是爸爸说这是为了培养我的独立能力。

这件事虽然过去了很久,但我仍然记忆犹新。不过告诉你哦,我现在很勇敢,每天都是自己睡觉呢!

第一次捉知了

吴燕文

我经历过无数次快乐的时刻,而第一次捉知了的快乐,直到现在我都难以忘怀。

那是个炎热的夏天,噪音大师——知了先生——又开始在它的"舞台"上演奏起"摇滚乐"来。经过我一下午的软磨硬泡,哥哥终于答应带着我们几个小朋友去捉知了。晚上,我们跟着哥哥来到一排大杨树下,开始了"警察抓小偷"的游戏。我们打着手电筒,两眼聚光,机警地在大杨树上寻找着"摇滚乐手"。突然有个胖乎乎的东西在树干上蠕动着,仔细一看,我高兴得差点儿蹦起来。原来是一只"武装齐全"的知了,它刚爬出洞,看样子想在树干上演一场"金蝉脱壳"。哥哥鼓励我说:"别害怕,不咬人的,轻轻抓住它放进桶里就好了。"我哆哆嗦嗦地伸出手去,终于把它"捉拿归案"。

小伙伴们围着我狂欢一阵后,继续向前搜索。我们潜伏在地上,关掉了手电筒。田野里偶尔传来几声知了和蝈蝈的鸣叫,四周一片寂静。忽听身后有个东西掉了下来,我们顿时手电齐亮,争先恐后地循声而去。原来是只傻乎乎的知了,笨头笨脑地从树干中央滑了下来。它刚想夺路而逃，就被我抢先一步给捉住了。瞧它，连吃奶的劲儿都使上了，在我的手中拼命地挣扎，两条后腿不停地向后蹬呀蹬，最终还是没有逃出我的手心，乖乖地"投降"了。不一会儿，我们竟然找到了一个知了的老窝。可狡猾的"小狐狸"躲在洞里就是不出来，我们干脆用事先准备好的水往洞里灌。洞被淹没了，不到半分钟，这只"小狐狸"就忍不住了，在洞口露头，被我们给"俘虏"了。"这一仗打得真漂亮。"我们在歌声中清理"战利品"，共捕获了八只知了。尽管可恶的蚊子给我们的手上、脚上留下了一个个的小红包作为纪念，可我们非常开心。

　　捉知了的快乐，给我的童年，画上了一个美好的重音符号。

第一次采莲

周梦玉

放暑假了,我跟妈妈来到乡下舅舅家做客。中午吃完饭,姥姥对我和姐姐说:"咱们去采莲子吧!"好兴奋呀,我还没见过莲蓬长什么样呢。

我们划着一条小船,慢慢"游"进池塘。荷花已到盛期,清清的水面上,飘着一片片又肥又大的荷叶。碧绿的叶子,一片挨一片,几乎盖满了水面。一朵朵荷花,亭亭玉立,吐芳含翠,散发出沁人的香味。几只翠鸟立在莲蓬上,一动不动地窥视着池水,只要一发现小鱼,便立即扑进水中,迅速叼着小鱼飞走。莲蓬矗立在水面上,形状跟高脚酒杯差不多,我们扒着船沿,探出身子,一朵一朵地摘,将采下的莲蓬堆在船舱里。船在莲花间穿行,缓缓的,就像置身在一片光辉灿烂的霞光中。我们唱着歌,嘻嘻哈哈地笑。姥姥不时提醒我们:"丫头,别疯了,会掉下去的。"姐姐只是笑,得意地唱起歌来:"携手共采莲,莲花过人头。"歌声很美、很动听。

莲蓬采得太多了,已经堆了半个船舱。姐姐提议歇一会儿,我们并肩坐在船头,高高兴兴地剥着莲子。莲子又甜又脆,很好吃。姐姐对我说："每年，我们家总要用盐腌那么一坛子，放上五香大茴，再用酱油一浸，味道鲜美极了。这是有名的莲子菜，等会回家让我妈做给你吃。"

姥姥一边剥莲蓬，一边讲起了故事："小的时候，这池塘是有钱人家的，不准穷孩子下塘摘莲蓬，我们只好偷着下塘摘，一次摘那么一点点。莲子菜也只有有钱人家才有，穷人连尝也别想尝。莲子菜很珍贵，通常用来招待客人，或者作为礼物送人。据说乾隆皇帝下江南，路过姑苏城，点名要吃莲子菜。御马专程来寻，闹得满城风雨。"

"别疯了！"妈妈在岸上喊，姐姐猛荡一桨，船身一歪，斜斜地冲进一片莲花，我顺手摘一朵莲蓬，轻轻向一只翠鸟抛去了，"叽"的一声，翠鸟飞走了……

晚上，我们就坐在院里剥莲蓬。月亮姐姐温柔地看着我们，我们将莲蓬装进坛子。坛子里装满了欢声笑语，装满了甜蜜的生活。

给自己的信

鲁纹帆

亲爱的朋友：

你好！你知道我是谁吗？我就是平日里和你形影不离的影子。虽然我们整天在一起，但我从来没有和你"谈"过心。

听说暑假过后刚开学不久，六年级由原来的两个班分成了三个班。你被分了出去。

分班那天，你痛哭流涕，毕竟在二班学习生活了五年时间，和老师同学们建立起了深厚的感情。你是一个重感情的女孩儿，那天你的眼睛都哭肿了，由于过度伤心，感冒加重了，第二天你请假没去上学，却被新分配来的老师误解了。新老师以为你不配合他，在罢课，因而对你很有看法，同学们选你为班长兼中队长，他却把你"挂"了起来。我知道你原来在二班时一直担任班长，很得老师的赏识、器重，同学们也很信任你。现在你心里一定不好受吧。听说在分班后的三个星期里，你比较消沉，有抵触情绪，开朗的你变得沉默寡言。

我要对你说，别这样，生活中总有被人误解的时候，关键在于你以什么样的心态去对待它。你要学会化解矛盾，消除误会，学会与人沟通。如果你一直沉溺在消极的心态里，那么你将会失去快乐、健康和良好的人际关系，成为一个失败者。

有一位名人说："积极的心态，就是心灵健康的营养。"成功者与失败者之间只有很小的差别，这个差别就是人生态度是积极的还是消极的。

好了，说了这么多，你应该受到启发了，应该知道自己怎样做了，希望不久后能听到你的好消息。

祝你学习进步、快乐健康！

你的好朋友：影子

我的乳名好土

郑允霞

我的乳名好土——山菊，它不像丽丽、娜娜等那么洋气，具有现代气息。我几次三番问妈妈为什么给我起这个难听的名字，妈妈无奈，只好说："名字是你爸爸起的，你还是去问他好了。"

爸爸是个花迷，盆盆罐罐里都栽满了花。从名贵的茶花、君子兰，到叫不上名的小野花，满院子都是。在这些花中，爸爸尤其爱侍弄那几株生长在院子角落里的山菊。每次收工回家，不管多累，爸爸总是去欣赏一番。每当此时，我总是跑上去问爸爸："爸爸，你为什么那么爱这几株山菊呢？"爸爸呵呵一笑说："这还用问吗，因为我的宝贝女儿叫山菊嘛！"

几年过去了，院子里的山菊和其他花一样岁岁枯荣。我也成了五年级学生。对于我为什么叫山菊的事我也不再缠着爸妈问个没完了。大概是遗传的原因吧，爸爸那爱花的性格竟然不知不觉地传给了我，用爸爸的话说，那就是有其父便有其女嘛！每次放学回家，放下书包我最急于做的事就是给花浇水、追肥、整枝。

去年十月，花正开得艳，突然刮起了小北风，看起来天气有骤然变冷的架势。到了晚上，呼呼的西北风刮个不停。爸爸说："明早怕有霜冻，赶快把花盆搬到屋里。"我、爸爸和妈妈三个人齐心奋战，将能搬的花草全都搬到屋里。我回到屋里，透过窗玻璃，望着在风中摇曳的未能搬到屋里的花草，默默地说："对不起，太为难你们了。"

"山菊，山菊快起来。"是爸爸在喊我起床。我睁开惺忪睡眼，已经是第二天早晨了。我往窗子外一看，哇！好漂亮啊，玻璃上开了一大朵一大朵的冰凌花。我急忙穿衣，来到院子里，不禁被眼前的景象惊呆了：老天竟残暴地对百花下了杀手，昨天还宛如春天的院子一片凄惨。那争相开放的月季花，艳丽的地瓜花、芋头花、指甲花，全都失去了往日的妖娆，屈服于严寒的北风刀下。几枝带着花头的茎枝，似衣衫褴褛的老人在微风中发抖。完了，全完了，我的花。"山菊不要心疼，快往这儿看。"顺着爸爸的指点我惊奇地发现，墙角的几株山菊还完好无损。它们淡黄色的小小的花瓣上，覆盖着一层薄薄的白霜，挺直的枝茎托着小小的花朵，在微风的吹拂下轻轻摇动，好像在说："我不畏严寒，我敢和恶劣天气搏斗！"我端详着那披着浓霜的山菊，一股敬意涌上心头，不禁脱口而出："山菊，我爱你，爱你那敢和恶劣气候搏斗的精神，你是花中的伟丈夫，我愿与你同光辉、共日月。""瞧，我们的小作家在吟诗呢！"爸爸笑着说。噢！忽然间我明白了：为什么爸爸把我的名字叫山菊，就是让我具有山菊的性格，学习山菊的精神，在困难面前不低头，做一个能经风霜、抗严寒的人。

山菊，我爱你，我喜欢这个名字。

我的"青脸"爸爸

朱芳芳

我的爸爸有个绰号——"青脸阿三",这个绰号怎么来的呢?

爸爸是我们村的村主任,归他管的事情可多了:今天婆媳吵了架;明天儿子不养老……管得全是些婆婆妈妈的事。村里的人说爸爸翻脸不认人,仔细想想,还真有点儿。

我的一位表叔做雨伞生意发了财,想在村里再盖几间房。他看中了河岸边的一块宅基地,可是得占用一部分耕地。这不,他拎着酒和营养品上门来找我爸合计。按理说,表叔过去帮过我家不少忙,这点儿小忙爸爸也该帮,就算不帮,也得把话说得好听一点儿呀。谁知爸爸当时就拉长了脸说:"你建房占用耕地,我是不会批给你的。再说你们家房刚盖了几年,村里住房比你们差的还有十几户呢。"这些话也太难听了,表叔当时就和爸爸争吵起来,爸爸的火气更猛,当即连人带东西推出了门。

事后,表叔逢人便说我爸青脸孔,没情面,气得我妈妈也常骂爸爸要断六亲,可爸爸呢,就是充耳不闻。

正月里,我们村里的赌风特别盛。爸爸就和联防队的人去抓赌。一个晚上下来,竟抓了五六桌。这下可捅了马蜂窝了,这赌博的人中有沾亲带故的,有有头有脸的,还有邻里街坊的,可爸爸就是不怕得罪人,硬是没收了这些人的赌资,还罚了款。

嘿,那几天连我出去也被人指指点点的!唉,谁叫我有这么个"青脸"爸爸呢!

不过爸爸当了三年村主任,要说"政绩"也真不少。你瞧,刹住了赌博风,村里偷鸡摸狗的事少了,两口子吵架的事也少了……空闲时间,人们常常去村里的娱乐室下棋、打球、看书。有时爸爸还请来农科站的同志讲授农科知识。这不,村里的几个小青年也迷上了食用菌培育。

爸爸还请村里的能人办企业。羊毛衫厂、竹编厂,服装加工厂……都办得红红火火的。妇女们进厂做工,男人们做生意、搞养殖。这些年村上的人们富得可真冒了油。可爸爸的"野心"还不止于此,他说这只是小打小闹嘛,将来村上的娃子文化多了,还要办一办真正的工厂、公司呢!

至于绰号嘛,没想到爸爸还挺喜欢的。他说:"铁面无情好哇,共产党员就是公私分明的嘛!"

感谢您的包容

林嘉怡

当我做错事时,有没有伤到您的心?您用爱和包容让我成长,您愿意聆听我心底里最纯净的声音吗?

家离学校挺远的,我天天放学回家都叫唤着:"累死啦,累死啦!"在无数天的埋怨中,您终于答应来接我,我别提多高兴了。可是第二天,您骑着破旧的摩托车来接我时,我又别提多难堪了……

"丁零零……"下课了,我满怀欣喜,迈着轻巧的步子跑出校门,一眼就望见了您骑的小破车。似乎怕我看不见,你就停在校门口的正中央。没等我反应过来,您就开始喊我,我只好慢悠悠地走到您身边,看到您,脸立马沉下来。可是您丝毫没有察觉,依旧笑眯眯地望着我。身后传来了同学们的嬉笑声,真是丢脸,我一路上都没理您。

经历了无数天的"煎熬",我终于忍不住发火了,我向着您小跑而去,对您大吼:"别在这儿等我,知道我有多丢脸吗?"您的脸僵硬着、阴沉着,可您并没有责骂我,只是不说话……

第二天,当小雨划过树枝滴到我的脸颊,我才想起来,咦?

爸爸今天怎么没来接我？我的脑袋里冒出各种疑问，各种担心，急得我直跺脚。忽然，我听到一声呼唤，我回头一看，那正是爸爸的身影。不清楚是雨水还是泪水，在那一刻，我感受到了爸爸的包容。

又坐上小破车，遮挡雨水的似乎不是雨衣，而是您的包容，是您浓浓的爱！感谢您的包容！

成长的故事

废墟下的阿曼达

冯少捷

在美国洛杉矶的一次大地震中,阿曼达所在的学校在四分钟内面目全非,变成了一片废墟。当时,阿曼达所在的教室里有十四个孩子,他们被突如其来的地震与黑暗吓得不知所措。房顶塌了,幸运的是,他们没有被砸中,只是被困在了教室里。

废墟中伸手不见五指,黑暗使人内心的恐惧无以复加,十四个人逐渐开始骚动,最后哭声一片。阿曼达也忍不住哭了起来,她十分担心现在的处境,他想:"一切都完了,这样下去我一定会死的。"她开始担心自己的父母,父母的命可能也保不住了,她想起和蔼的母亲,想起她平时的鼓励,让自己越来越自信,勇敢地战胜困难;她想起严肃的父亲,想起他平日的教诲……一切都好像发生在昨天,历历在目。

想着想着,忽然,父亲的一句承诺回响在阿曼达的耳畔:"不论发生什么,我一定会和你在一起。"父亲平日很严肃,但是最讲信用,说话算数,他一定会来的!想到这里,阿曼达擦干了眼泪,坚定地对大家说:"都不要哭了,我们一定能出去!"

大家诧异地向阿曼达看去,疑惑地问:"为什么?"

"因为我父亲说过,不管发生什么,他都会跟我在一起。我相信,只要我父亲在,他一定会来救我们!"

"万一你父亲也死了呢?"有人问道。

"相信我,我父亲一定会来救咱们!就算我父亲死了,咱们也要自己努力,想办法出去,找到父母,好好地活下去!"阿曼达坚定地说。

听了阿曼达的话,其余的孩子们慢慢停止了哭泣,他们的信念也逐渐坚定起来:"我们会出去,我们一定会出去。"

八小时过去了,十六小时过去了,二十四小时、三十三小时……很多人随着时间的推移又开始恐慌,一个同学坐在地上哭着:"阿曼达,你的父亲肯定是死了,没希望了。""不会的,别瞎想,我父亲一定会来救咱们出去的。"阿曼达仍然坚定地说道。

终于,在第三十五小时的时候,废墟上面传来了父亲急促的声音:"阿曼达,爸爸来了!"

奇幻之夜

苏 琪

这是一个奇幻的夜晚,家里的主人已经进入了梦乡。时钟刚敲响了十二下,屋里的桌椅家具和各种摆设们就开始"吱吱嘎嘎"地说起话来了。

装扮得十分豪华的书柜首先小声地说:"兄弟姐妹们,趁主人现在睡着了,我们来说说知心话吧!"这时,漂亮的木床说:"我现在可好了,小主人把各种各样的娃娃玩具挂在我身上,把我装饰得喜气洋洋。"挂在床上的小闹钟抢着说:"我给你们透露一个好消息,再过十多天就会来一个新朋友,名字叫气垫床,既漂亮又舒适。可惜我们的老朋友木床就有可能要离开我们了。"

突然,屋内一道亮光闪过,原来是吊灯妹妹讲话了:"过去在我们灯家族里,人员很少,而且长相很难看,现在可大不一样了,不仅品种多,而且越来越漂亮。"

站在一角的冰箱哥哥说话了:"瞧,我多威风啊!主人常常把各种好吃的肉都放进我的肚子里。昨天,主人还买回了许多雪糕呢!有脆筒、甜筒、滚雪球……真是应有尽有。"

"大家不要再争论了，主人家的变化说明我们主人家的生活越来越好了。来，我们一起为我们的相聚唱支歌吧！"电视机爷爷提议道。

不等他们一起来唱歌，时钟"当当当"响了六下，家具和屋里的各种摆设只得依依不舍地回到了自己原来的位置，停止了说话。

七朵仙花

赵佳琪

很久很久以前,在一座非常高的山顶上盛开着七朵美丽的花,它能满足人们的任何愿望。如果你想找到它们,你就得一直朝着南面走,不停地走七七四十九天,你就会看见一座美丽的小王国,王国中央有一座十分高大的山,七朵仙花就在这座山上。这个王国的国王有一个小女儿叫玛娅,她长得十分漂亮,雪白的皮肤,修长的身材。玛娅已经到了该成婚的年龄,国王想为女儿找一位聪明而富有的青年。这天,他把全城英俊而富有的青年全都找来,国王问这些青年人说:"什么东西一掉下来全世界都会变黑?事实与谎言之间相差多远?我给你们三天时间去思考。"

三天过去了,富人家的少爷们谁都没有想出来,只能去宫里碰碰运气。这些青年到齐后,国王说:"你们谁想出了那两道题的答案?"这些少爷们低着头,谁也不知道。这时一位穿补丁衣服的青年站出来说:"国王陛下,我能回答您的问题。眼皮一掉下来,全世界都会变黑,因为眼皮掉下来,就会把眼睛遮住。第二个问题就更简单了,事实与谎言之间只相差五个指头那么远,也就是眼睛与耳朵之间的距离,因为我们经常是用耳朵听到谎言,用眼睛看到事实。"

国王听了十分满意,又对他们说:"他答得很对,就算大家都过了第一关。现在还有第二关。你们谁能爬到山顶上去,把那七朵仙花摘下来,我就把女儿嫁给谁。"人们一听,争先恐后地奔出宫门上路了。那些少爷们由于害怕吃苦,谁都没有登上山顶,而那位穿补丁衣服的青年经历了千辛万苦,终于爬上山顶,采到了七朵仙花。在回来的路上,他为了帮助有困难的人,用了七朵中的六朵,回到宫中,他只剩下一朵花了。

国王说:"这只是一朵花,我要的是七朵仙花。"青年听了并不生气,他对着仙花轻轻地说:"让国王知道真相吧!"突然,这朵仙花变成了一位老人,手里拿着一面镜子。老人对国王说:"请看。"这面镜子立刻把这个青年下山时所做的好事全都呈现出来。国王看后,赞叹不已。三天后这位青年和公主结了婚,听说他们一直过着幸福美满的生活。

都是电视惹的祸

米丹丹

想起今天早上的遭遇,我不禁责怪起电视:"唉,都是电视惹的祸!"

昨天晚上,我坐在电视机前,两眼紧盯着电视屏幕。卡通节目一集接一集,实在精彩极了,使人应接不暇。"哎,丹丹,快8点了,还不赶紧做作业?等会儿又得写到很晚。"妈妈劝说着。我只是漫不经心地应了一句:"好啦,好啦,快完了。"妈妈见说不动我,只好摇了摇头走开了。

不知不觉,烦人的广告又出来了。"唉,真扫兴。"我伸了伸懒腰,望了望钟表,啊,都已经9点了。我赶紧关上电视,"妈,你怎么没给我提个醒?"我埋怨起妈妈,谁知妈妈连理也不理我。

我急得就像热锅上的蚂蚁——团团转,眼皮已不听使唤地向下耷拉,身体也疲倦了,可一想起老师那严肃的面孔和句句刺耳的批评,也只得努力"加班",直到夜深人静……

"喂,该起床了,已经7点半了,快起来……"蒙眬中,我听到妈妈的喊声,只见妈妈正朝我大吼大叫。"晚上不早点儿做作业，只想着看电视，现在好了吧，都快8点了。"妈妈批评我，"不努力学习，一心只想看电视，我看你以后能有什么好成绩……"我捂着耳朵，提着书包，飞速地赶往学校。

"报告——"我看了看手表，还是迟到了，可这时同学们却哄堂大笑。我低头往下瞧，心不禁缩紧了：左脚穿拖鞋，右脚穿皮鞋，裤子穿反了，衣服上的纽扣也一上一下错位了。我的脸"唰"地红了起来，真恨不得挖个洞钻进去。"你看你，都已经是毕业班的学生了，居然到8点才到校。给我站在外头，别进教室上课……"一句句刺耳的话钻入我耳里，像一根根针刺入我的胸膛，我不禁说："都是电视惹的祸……"其实认真想想，这也不是电视的错，而是我自身的错，谁让我经不住电视的诱惑，谁让……

唉，其实都是我自己惹的祸。

配 眼 镜

勾 畅

整整一个上午,天空阴云密布,似乎在幽幽地叹息,随即飘下如丝的细雨。湿漉漉的街上,行人车辆如梭般一闪而过,来去匆忙。就在这个初秋的星期天,我,即将面临一个无比巨大的考验——配眼镜!

下午,等细细的雨丝稍停,我在一片愁云惨雾的笼罩下,忐忑不安地与妈妈来到五官医院。别以为我是故弄玄虚,要知道医生可是要用"散瞳"这种可怕的方法来判断我是否是真近视,是否需要配镜。散瞳——你看过侦探电影吧,少年侦探翻了翻受害者的眼皮,做作地甩甩头发,皱皱眉头:"此人瞳孔已放大,看来是没有生还的希望了。"啧啧,想想就让人头皮发麻,浑身发冷。你说我怎能不紧张呢?

在我的心目中,和地狱、天堂都是同义词的医院终于到了。一位十分和善的医生接待了我,他先让助手用一般的视力表查视力,然后拍拍我的头对助手说:"来,散瞳看一下。"我本以为他会把我带到一个手术室给我开刀,谁料,他只是让我坐在一个木凳上,要给我滴眼药水。我刚松一口气,不由得又紧张起来。

要知道，自打小时候起我就最怕滴眼药水，我是又叫又跳又闹，折腾了足足半个小时，那眼药水才滴入我的眼眶。总而言之，"滴眼药水"在我的心中是恐惧的代名词。此时，坐在长凳上的我眼睁睁地看着医生拿着眼药水过来，想要逃走，双腿却是软的。

我惊恐地瞪着那眼药水滴入我的眼眶，我闭上了双眼……咦，奇怪，似乎没那么痛苦嘛！窗外，雨又下了起来，雨打着窗外的柳树发出"噼噼啪啪"的声响，加上汽车的鸣笛声，戏雨的孩子的欢笑声，组成了一支美妙的交响曲。我悠然自得地哼着小调，而那恐惧早被我抛到九霄云外了。半个小时过去了，检查结果——我是真近视了。我配了副眼镜，然后走在了回家的路上。

走在路上，虽然还有点儿散瞳后的不适应，但远没有我想象的那样惊天地、泣鬼神的惨烈，我觉得身上似乎多了些什么，又似乎少了些什么。我的心不由自主地愉悦起来，看来一切"恐怖事件"的本身并没有那么令人害怕，不过是人们的恐惧心理将其放大为世界末日罢了。

成长的故事

郝 毅

每个人都有自己的成长历程,在成长中有自己的快乐与烦恼,我也不例外。我至今忘不了那件事。

七岁的我是天真、幼稚的。但不知什么时候开始,我竟然喜欢上了画画。从此我生活中便多了一个念头——画画,它也随之成了我的梦想。我暗下决心要画出世界上最美丽的画。

那一年的夏季,妈妈给我报了美术班,我高兴得只能用欣喜若狂这个词来表示。不久我就成了班里的美术组长,专门负责"管理"其他同学,而且老师常常表扬我让同学们向我学习,因为我上课认真听讲,从不开小差,而且画画也是一丝不苟。正是这样,傲慢慢慢地取代了我原来认真的态度。我变得自以为是,觉得反正老师画的我都会画。于是认真听讲的我不见了,上课跟同学们偷偷地玩,做作业也不拿铅笔做而是在那儿乱画。果然,老师把我叫到了她的身边说:"画画是一门艺术,你如果继续这样的话,你觉得能画好吗?没有一位画家是不需要刻苦练习,就能画出令人称赞的画。"老师的话似乎点醒了我,从此以后,我变得更加认真了。

终于有一天,学校要开画展,我凭着自己的画得了第一名。当我把奖状给老师看时,本以为会得到赞赏,可是老师眉头紧皱,我以为自己又让老师失望了,可老师却笑着说:"练习画画贵在持之以恒,永不自满,只有向自己挑战,才能达到更高的境界,获得更大的成就。"

是啊!学无止境,骄兵必败。这一段经历教会我:不断挑战自己,永不自满。

我的同桌

宋小龙

我是一个非常顽皮的男孩儿,谁跟我坐在一起,我保证能让他"鸡犬不宁"。

有一天,班里来了一位新生,听说是一个留级生。这个女孩子长得又高又胖,我真有点儿怕她。可老师偏偏让她坐在了我的旁边。我心想:"既然你已经坐过来了,我也不是好惹的,准不让你过上好日子!"

第二天早上,我一早就来了,想搞点儿恶作剧。我从书包里拿出万能胶,涂在她的椅子上,然后,又把一个模型老鼠放在她的书桌内。她一来,当然什么也不知道,一屁股坐了下去。我一看,哈哈大笑起来。她有点儿莫名其妙,以为出了什么事,马上站了起来。我有点儿吃惊,因为她的裤子和椅子,并没有粘在一起。我失望地想,万能胶涂得太早了,早就干了。我一下子就像泄了气的皮球。可再一想:女生们最胆小,看到小虫子都要大叫一声,这回抽屉里面的老鼠不把她吓倒才怪呢!我这叫"一计不成,还有一计",非叫她出洋相不可。想到这,我就拿出书来,装出一副认真读书的模样。她又坐下后,想去拿书,伸手往书桌里一摸，摸出了那只老鼠，可她却一点儿也不怕，反而指着老鼠说："你这臭老鼠，正经事不干，偏想来吓唬我，看我怎么收拾你。"说着一下子拍过去，把我的小老鼠打坏了。我一看，真是又急又气，就大声质问她："谁让你把我的老鼠打坏了？"她却不慌不忙地反问我："你的老鼠怎么跑到我的书桌里？"我一下子被问成了哑巴。我的"连环计"失败后，心里总是不舒服，就经常找碴儿说她，可她就是一个策略——一概不还口。弄得我一点儿办法也没有，想打架也打不起来。

有一天，外面下大雨，我收拾完书包之后，一溜烟冲出教室，想一口气跑回家。中途，跑到一个小亭子旁边，雨下得更大了，我跑进去避雨。可一摸背上，书包不见了。怎么办？找吧，这么大雨怎么去找；不找吧，回家怎么做作业！正当我左右为难时，从大雨中冲过来一个身影。是她，正是她！只见我的同桌，紧紧抱住了我那个蓝色的大书包，因为怕书包被雨淋湿，她就用雨伞护着，而她自己的一半身子，却露在外面。她赶紧进来说："回家时，我看到了你的书包，就来拿给你。"我愣住了——我真的不敢相信，这是我的同桌吗？一个经常被我恶作剧的同桌！她竟然会特意给我送书包，而自己却被雨淋湿！我抱着书包，心里真不是滋味，嘴上一句"谢谢"也说不出来。她没再说什么，把伞塞给了我，一扭身跑进了大雨中。

从这以后，我改变了对她的态度，主动帮助她学习。过了一段时间，她的学习进步了，我们也成了好朋友。

那 个 那 个

张伊蒙

最近,班里刮起一阵"那个那个"风,究其原因,原来是来自我的同桌——尹晟。

一下课,尹晟就冲出教室呼朋唤友:"那个那个商一旦,那个那个来玩!"天哪,一连四个"那个"。这不,上语文课了,老师叫他概括段意,全班三十七双眼睛齐刷刷地盯住他。只见他先来了个深呼吸,开口就说:"那个那个那个……课文写了那个那个那个……"全班哄堂大笑,连老师也"扑哧"一声笑了,但仍安慰他:"别急,再做两次深呼吸,慢慢说。"尹晟依计而行,一张口:"这个课文写了那个……""那个!"全班同学异口同声地喊了起来,尹晟也不好意思地坐下了,轻声嘀咕着:"那个那个,总有一天,我那个那个总不会那个那个了!"

作为他的同桌,我晕!

新龟兔赛跑

刘嘉天

自从龟族祖先赢了兔族祖先后,龟家族就一直高高在上,目中无人,对兔族更是抱着一种瞧不起的态度。龟老板整天吃喝玩乐,没事就躺在吊床上摇晃。火爆兔是兔族的新一代领袖,下定决心要一雪前耻!他勤加锻炼,不管是三九天还是三伏天。有一次,火爆兔在锻炼时,无意中听到了龟老板的谈话——

"兔族就是个四肢发达、头脑简单的笨蛋家族……"火爆兔当时就生气了,他向龟老板发出了战书:"龟老板,我要与你赛跑,敢不敢来?如果不敢的话,我就在新闻中公布你是胆小鬼!"龟老板大惊失色,立刻慌了神。他既不想比赛又不想损害自己的名誉,可是没别的办法,只好答应了……比赛的前一天晚上,龟老板邀请裁判——狐狸先生吃饭。正吃得热闹时,龟老板看四下无人,然后趴到狐狸先生耳边,悄声说道:"老兄,你看明天的比赛能不能照顾照顾……"说着,还把一大笔钱地塞进狐狸先生的手里。狐狸先生把钱一装,哈哈大笑起来……

"砰!"枪声一响,比赛开始了。火爆兔似离弦的箭一样飞快地向前奔去,"嗖"的一声就没影了。而龟老板,却不慌不忙，说是跑着，倒不如说是散步，他的脸上摆出一副胸有成竹的表情，露出奸诈的笑容。

"怎么会！"快要跑到终点的火爆兔露出一副惊讶的表情，龟老板竟然在终点睡懒觉！火爆兔顿时怔住了，内心百感交集："怎么会？我一直在他前面啊，压根儿就没看到他超过我，怎么输的？"火爆兔张了张嘴巴，可发不出任何声音。

酒店里，龟老板正和狐狸先生推杯换盏。

"老兄啊，真是多亏了你的妙计，实在是高明。终点放一只机器龟，长得和我一模一样。这次比赛以后，兔族一定再也不敢挑战我们了。"龟老板一边喝酒，一边说道。"哈哈，咱们关系这么好，我当然要帮你取胜了。"狐狸先生得意地大笑起来。

这时，门突然被撞开了。只见猫警长和火爆兔站在那里，火爆兔一脸正气地说道："我早就知道你们有猫腻，这下证据确凿，天网恢恢，看你们还怎么狡辩！"

当乌鸦再次遇到狐狸

张 金

上一次,乌鸦被狐狸骗走了肉,很不甘心。

一天,乌鸦又找到了一块肉,它刚飞到树枝上,准备美餐一顿。这时,狐狸悠闲地来到树下,狐狸一看到乌鸦嘴里的肉,口水都流下来了。它眼珠子滴溜溜转着,一脸敬佩地对乌鸦说:"乌鸦小姐,您的歌声非常动听,再来唱上几句吧!"乌鸦心想:"上一次就被你骗走了我的肉,这次我一定不会再上当了!"

看到乌鸦一动不动,狐狸又近乎谄媚地说:"您的羽毛比孔雀的都好看,您就说上几句吧。"乌鸦又动心了,可是吸取了上次的教训,还是一动不动。

见乌鸦还不说话,狐狸破口大骂:"你这个坏东西,昨天欺负了小松鼠,抢小松鼠的食物!我要把这件事告诉所有人,你会臭名远扬的。"乌鸦一听,气得大喊:"胡说八道!我什么时候抢过小松鼠的食物?"一张口,嘴里的肉掉了下去。

狐狸叼住了肉,三口两口就吃完了。它高兴地对乌鸦说:"再次谢谢你的肉,哈哈!"说完,就得意扬扬地走回了洞里,睡起了觉。

　　乌鸦非常懊悔地说："下次，我再不会被你骗了。"

　　"那可不一定。"狐狸的声音从洞里传了出来。

乌鸦喝水

闫 阁

乌鸦口渴了,就飞到天上找水喝。它飞呀飞,飞呀飞……看见了一口井,就飞到井边上。

可是,井太深了,乌鸦还是喝不到水。然后,它就用老办法把石子往井里填,填呀填,一颗石子,两颗石子,三颗石子……

过了好一会儿,一位农民伯伯来打水,看见乌鸦这样做,笑着说:"乌鸦,如果你面前是一瓶水,你可以用老办法取水,但是,你现在对着的是一口井呀,也要想想老办法能不能行得通呀!"说完话农夫给了乌鸦一点儿自己打的水,然后就走了。

农夫走了没多大一会儿乌鸦就把水喝完了,可是它还想喝。于是就在那里等人来给它水喝,等呀等,等呀等……

终于等到了一个年轻的小姑娘,小姑娘看它可怜巴巴的样子,打了半桶水送给它,然后对它说:"小乌鸦,你不能一直等着别人帮你呀,要是没人来,你就渴死了。"

终于喝饱了,乌鸦开心地飞了起来。

过了很长时间,乌鸦又渴了,但是这一次,再也没人来打水了。最后,乌鸦只好自己飞到井里喝水,可是,它掉进井里淹死了。

这个故事告诉我们,要灵活变通,寻找行之有效的方法。

一 篇 作 文

于静茹

每当看到报纸上一篇篇优秀的作文，我就会想起三年前的一件事，这件事给我的教训，我永远也忘不了。

记得三年级第二学期，老师布置了一篇作文，题目是"记童年的一件事"。在放学的路上，我想，每次写作文我都要花很大力气、很长时间，结果总是得不到老师的表扬。这次干脆抄一篇现成的文章，既省时又省力。好！就这么办！

回到家后，我拿出家里的几本作文书，找了一篇《童年记趣》。这篇作文正符合老师的要求。不一会儿我就把这篇"冒牌货"工工整整地抄到了作文本上，满意地看了看，小心地把它放进书包里。

第二天，老师在语文课上评比作文，拿出我的作文说："于静茹的这篇作文写得很好。"说完叫我读给同学们听，我差点儿吓出冷汗来，只好结结巴巴地读了一遍。那几天我一直坐立不安，脑子里总想着这件事，就连睡觉都会梦见同学们三五成群地在议论我。我好像在每个角落都能听到同学们谴责的声音。

过了几天，同学们向老师反映，说我的《童年记趣》是抄的。放学后,老师把我叫到办公室,她语重心长地说:"学习要脚踏实地,不要怕花力气,也不要怕花时间,刻苦学习的人才能获得属于自己的好成绩。"听了老师的话,我脸上火辣辣的,心里又羞愧又后悔。

  一晃三年过去了,现在我已上了六年级。但是三年级那次深刻的教训,我却怎么也忘不掉。因为那件事让我明白了一个道理,那就是学习是来不得半点儿虚假的,只有脚踏实地地苦干才有希望到达光辉的顶点,才能获得真正属于自己的好成绩。

展翅翱翔

崔 帅

时间过得真快，新的学期开始了，再过半年，我们就要毕业，进入初中生活了。一想到将要面临分别，同学们的心里就开始难过起来。

一份特别的礼物送到了我的面前——那是一封信，信里是同学们一起出去游玩的照片。望着照片上如花的笑脸，我的鼻子忍不住有些酸。回首这六年，有成功后的喜悦，有失意时的失落，有风雨中的真挚，有冲动后的歉疚……有太多的欢笑，也有太多的泪水和失望，最终凝结成了一颗颗闪亮的银星，挂在记忆的幕布中，是那么的珍贵，永不消逝。

信的背面，是一朵盛开的牵牛花，旁边是班主任娟秀的字体："牵牛花是自强不息的。无论遇到什么困难，都不会退缩，不会逃避，勇敢地向上生长。同学们，我希望你们也能像牵牛花一样，无论顺境、逆境，都能勇敢地面对……"我默默地翻着语文书，从第一页翻到最后一页。每翻一页，心就往下沉一寸。是的，等这本书学完了，小学生活也就结束了。但这结束又意味着另一个开始，另一个崭新的开始，另一个海阔天空的开始，另一个展翅翱翔的开始。我坚信，有梦终会实现，明天会更美好！

幸福的一家

心愿圆圆

崔雪妮

说到心愿，相信每个人都有，我也如此。但在众多的愿望中，我最想实现的就是爸爸能早日回家。

那年，我刚满五岁。一个冬日的夜晚，警笛的长鸣打破夜的寂静，由远及近。警察叔叔突然来到我家，将爸爸带走了。年幼的我不知道发生了什么，只是哭着要爸爸。之后的日子便再也没见到过爸爸，看到的是妈妈的眼泪、奶奶的白发，听到的是爷爷的叹息。

等长大些，才从奶奶的描述中，渐渐明白爸爸犯了错误，要很久很久才能回家。因为这，我也失去了妈妈：妈妈另嫁他人。我成了爷爷奶奶的孩子。每当看到别的同学一家人开开心心地上街，和爸爸妈妈手牵手，听到同学们谈论有关爸妈的话题，学到关于父母的课文……我就会心里发酸，眼中生泪。有时，我也会一个人悄悄抹泪。

我爸爸早日回家是我最大的心愿。我希望爸爸能积极改造，多立功，早日回家，早日实现我的愿望。

爸爸，我们全家等你。

你瞧，今夜的月多圆，期待我们早日团聚。

幸福的一家

杜媛媛

我有一个幸福的家，家里有一个幽默的父亲、一个勤劳而又爱唠叨的母亲，还有一个快乐、贪吃的我。

那一天，我要去秋游。一早起来就听见了妈妈的唠叨："乖乖呀，把面包带上，再带个苹果吧，别饿着了。"我无可奈何地把苹果和面包塞入鼓鼓囊囊的大书包里。可她还不放心，又唠叨起来："把小刀带上，苹果别吃皮。对了，带件外套，别冻着，再带十元钱吧，到时候还少什么自己买。"我把东西都装好，吴佳来找我一起去学校。我还没走出门口，妈妈又说："路上当心车子，别玩危险的游戏，秋游回来立刻回家。"我边走边回答："知道了，知道了。"我已经走下了楼，她还站在门口不知道在唠叨些什么。瞧，我的妈妈是不是很爱唠叨？

除夕之夜，我们一家人坐在电视机前看电视。爸爸拿起话筒，清了清嗓子，整整衣领，严肃地说："现在请十大笑星之一的杜先生表演小品《笑掉大牙》……"话还没说完，我和妈妈已经笑得前俯后仰了。他接着说："下面请欣赏女高音歌唱家喻小姐的《唠叨之歌》。"我笑得更欢了，妈妈说："你看你，都几十岁的人了,还像个小孩子,成何体统。"爸爸立刻解释:"夫人,此话怎讲,笑一笑十年少嘛!你们看我是不是越来越年轻了?""真臭美。"我撇了撇嘴,笑着说。爸爸趁机说:"现在请看话剧《馋猫吃鱼》,由杜媛媛演馋猫。"妈妈捂着肚子笑了,我却哭笑不得。

爸爸说我是馋猫也不是没道理的。瞧,饭还没盛好,两只蛋卷已经进了我的肚子。爸爸瞪了我一眼,我却又把两块瘦肉夹到碗里。妈妈看到我的馋猫样儿说:"你呀,吃慢点儿,又没有人跟你抢。""谁说的,有人抢。吃到肚里别人才抢不去。"我边吃边说,急得连饭都喷到了桌子上。爸爸妈妈听了都笑了,我也跟着傻笑,欢乐的笑声挤满了屋子。

看,我有一个多么快乐幸福的家!

处处留心皆学问

石 蕾

有这样一句话让我铭记在心:"处处留心皆学问。"

在我们生活中,只要留心观察,就能从一些细小的地方、平常的事情中获得知识。日积月累,这些知识就如沙粒般日积月累,堆成了小沙丘。当你遇到问题时,你从自己的积累中找出相关的知识来解决,这些问题就能迎刃而解了。正因为我信奉这句话,所以受益匪浅。

一次自然课上,老师对我们进行一次小测验。课本上的内容大家都很熟悉,考起来并不费力。可是,老师却别出心裁地出了一道课外题,问鱼有什么内脏。同学们都被难住了,有的傻愣愣地瞪着黑板,有的皱着眉头咬笔杆。而我呢,略加思考,便胸有成竹地在试卷上列出:肝、鳔、胆、肠……一鼓作气写了出来。几天后,考试结果出来了,我拿了个一百分。同桌半开玩笑地说:"石蕾,你是不是在考试之前解剖过鱼呀?要不怎么对它的内脏了如指掌?"我神秘地说:"处处留心皆学问!"上个星期天,我看奶奶剖鱼,鱼的内脏刚被掏出来,我就像个"小问号"似的缠住奶奶,问它们叫什么名字。奶奶没法子,只好依次报了出来。我认真地听着，用心地记着。也不知什么缘故，我记得特别牢，一个个名词就好像在脑海里扎了根似的。谁知这"留心"而来的"学问"，竟在这次考试中用上了。啊，我这个一百分可是"处处留心皆学问"这句话送给我的啊！

"处处留心皆学问"这句话不但使我在学习上尝到了甜头，而且在生活中也受益匪浅。一天，我无意中看到姐姐在一篇作文中写道："一串红在这美丽的春天里绽开了笑脸。"我猛然想起，我们学校的花坛里也有几盆一串红，可是全都是秋天开的呀！我把自己的想法告诉了姐姐，姐姐拍着我的头说："小蕾，真谢谢你，我把映山红和一串红给弄混了。这篇文章我还想投稿呢！若被登出来，岂不是闹了个大笑话！"我心里喜滋滋的，更感到"处处留心皆学问"的妙处。

是啊，处处留心皆学问。只有留心生活，我们才会感受到生活的丰富，体会到学习的乐趣。

尊 严

王 瑞

一个周末的下午,我们一家去超市购物。在超市门前,我看到许多人围在一起,不知在干什么。出于好奇,我和爸爸前去看个究竟,原来是一个卖艺人在拉二胡。

这位卖艺人拉得非常投入,似乎感觉不到周围人的存在。他白发苍苍、骨瘦如柴、衣服破旧,让人看了很心酸,谁碰上都会慷慨解囊的。他坐着一把破旧的椅子,脚下放着自己的行李以及曲目表。他拉得非常好,流畅动听。等他拉完一曲后,周围人发出一阵阵喝彩声,还不时传来"再来一曲"的声音。又一曲终了,一个中学生开始和卖艺人交流自己的感受,中学生说:"你拉得真好,我能跟你学吗?"卖艺人笑着说:"只要你不嫌弃。"我弓着腰向地上看了看,地上已有许多听者留下的零钱,我心里暗暗夸赞:"这个卖艺人真有本事,能靠自己的劳动获取报酬。"

因为我们刚学了《尊严》一课,所以我问爸爸:"你觉得这个人有尊严吗?"爸爸略加思索说:"我觉得这个人有尊严。"我应和道:"这个人没有不劳而获,而是用自己的本事来养活自己，这种人是有尊严的！"

是呀，我们都要懂得做人的尊严，还要努力维护别人的尊严，不要只想着从别人那里索取。只要你做到这点，相信你也是一位有尊严的人。

爸爸的巧手

崔佳明

我的爸爸有一双巧手，它什么都会。

啊，我多么想要一个自己的小布袋呀。我把这个想法告诉父亲，父亲赞同地说："好呀！"正说着父亲就要掏钱包，我尴尬地说："我不想要买来的，我想让你给我做一个。"父亲立马兴奋起来："好呀，刚好让你看看爸爸'巧手'的称号是名不虚传的。"我连忙拍手叫好，我们一起用剪刀剪下一块漂亮的布料，开起工来！

布袋做好了，我们班的同学都很羡慕我，甚至还有人嫉妒我有这样一个好爸爸。

爸爸的巧手可真厉害。

好疼啊，我从自行车上掉下来，车圈也被弄坏了，我哇哇哭了起来，爸爸听见了，连忙赶了过来。我一边啜泣，一边告诉爸爸车子坏了的原因。爸爸用他的双手抚摸着我的头说："没事，爸爸给你修。"说完他便走了，我疑惑不解，爸爸的巧手会做小布袋，难道还会修自行车？第二天早上起来，我看见客厅放着一辆很熟悉的自行车，正是那辆被修好的自行车。

我爸爸的巧手可真厉害。

我爸爸的巧手是万能的,它什么都能为我做,长大了我也要有一双巧手,为爸爸做能让他开心的事。但我现在可以做的就是好好学习,天天向上。

球迷老爸

林 莉

爸爸有很多爱好,尤其爱看篮球比赛。爸爸看篮球比赛的时候特别专心,只要比赛开始,他就什么都顾不上了。

有一天,爸爸教我炒鸡蛋,他教我怎样把鸡蛋打散,可是我怎么也打不好。爸爸看了看表,赶忙对我说:"你先自己练一会儿,比赛开始了,我看一下再回来。"然后飞快地跑去看电视了。

我接连打了三个鸡蛋后,大声地问爸爸:"爸爸,鸡蛋打好啦,现在该放什么?"就在这时,我听见爸爸喊:"加油!加油!再来一个,再来一个。"我就连忙放了两勺油,又打了两个鸡蛋,然后,我对爸爸说:"爸爸,还要做什么?"爸爸大声喊:"加油,快加油,再来一个。"可是,到最后鸡蛋已经没有了。

我连忙端着打好的鸡蛋给爸爸看。爸爸大吃一惊,我奇怪地看着爸爸说:"这不是你叫我这么做的吗?"爸爸听完莫名其妙地看着我,我突然明白,原来爸爸刚才一直在说篮球比赛。看着我手里的一大盆鸡蛋,爸爸说:"今晚就吃炒鸡蛋加鸡蛋汤。"我听了哈哈大笑,爸爸也笑了。

卖糯米糕的老人

张嘉玺

"卖糯米糕了,卖糯米糕了……"又是这吵闹的叫卖声把我从睡梦中吵醒,不用说,现在应该是早上6点,离我起床的时间还有半小时,我睡又不敢睡,起又不想起,只能白白在床上浪费这半个小时。别提我有多恨这叫卖声了。

不知怎的,我们家附近来了一个卖糯米糕的人,每天早上6点准时开始叫卖,不论晴天还是雨天,不论刮风还是下雨,雷打不动。

又是一个双休日,我正在美梦之中,突然就被拉回了现实,我生气地说:"周末还让不让人睡个好觉了!"我用被子捂住头,可还是不能赶走这叫卖声。忽然有一个念头从我脑中闪过,反正今天不忙,不如看看那个卖糯米糕的人长什么样,生意怎么样。我拿了点儿零花钱就急匆匆出了门。

外面阳光灿烂,照在身上暖洋洋的,舒服极了,心情也跟着舒畅起来。随着叫卖声,我看到了一群孩子围着一个老爷爷,我想:"原来生意这么好啊,怪不得每天叫卖呢!"走近一看,老爷爷穿着一身已经发白的旧军装,我心中不禁产生了几分好感。

我递过钱说:"来一个糯米糕。"他收了钱,用筷子夹了一个糯米糕放进袋子里,我一边尝着一边往家走去:哇!又软又滑,真好吃。可没走多远,听到卖糯米糕的老人叫我,我想:刚不是给过钱了吗?真麻烦!我不耐烦地转身回去时,他却递给我九块钱,有些歉意地说道:"不好意思啊,小朋友,刚刚太忙了,没顾得上找钱,这是找给你的钱。"

看着老人微驼的背影,我不禁对他有了几分敬意。平常那些小商小贩们,他们大多是以次充好,以少充多,欺骗客人,哪讲什么诚信!今天这位老人却给我上了一节生动的课,人与人之间要诚信,更应该珍惜诚信。

生 命

沈扬宸

春风想把一个浑身是刺的小家伙送到一个有泥土的地方,一不留神,小家伙掉到一条石缝里。

"谁呀?"小家伙耳边响起一个尖尖的声音,哦,是石婆婆。"是我,我打扰您了吗,石婆婆?""可不是嘛,一个好觉都被你搅了。"石婆婆恶狠狠地说,"你等着吧,太阳会把你晒死的,雨水会把你浇死的,雪花会把你冻死的。"小家伙心里好难过,他不作声了。他累了,想睡觉了,不一会儿,他就进入了梦乡。

有一天,他醒了——他已长出两片叶芽。听见外面鸟声不断,好不热闹,他探出脑袋——多美的景象啊!绿得快要滴油的草,红得像鸡冠一样的花……令他目不暇接。春风姐姐过来告诉他,上面还有更美的景色呢,特别是绚烂的彩虹……

"我窝在这里干什么?为什么不探出身子到外面看看呢?我要快快长大!"小家伙在心里说。于是,他不停地长,把石缝撑大、撑大、再撑大。

由于那个愿望,小家伙不怕暴风雨,不怕强烈的阳光,不怕冰冷的雪花……他终于长成了一棵秀气的小枫树——原来，他是枫树的孩子。

有一天，小枫树看见了一道闪耀着七种美丽色彩的"桥"。问春风姐姐："春风姐姐，这……是彩虹吗？"

"是的，孩子。"他听到春风柔和的声音。

小女孩儿的故事

韩怡沁

这已轻是发生在两个学期前的事了。

那一次,学校要对二年级小同学的词汇量进行考核,检测的任务自然落到了我们这些年龄较大的大哥哥大姐姐身上。班主任老师选了几个成绩较好的同学,我也是其中一个。我们来到了阶梯教室,由另外一位年轻老师培训我们这些"小考官",特别指出了考卷中一个字的读音,这个字在小字典中读前鼻音,在大字典中读后鼻音,我们应以大字典为标准。

下午,我们一个个小考官威风凛凛地坐在位置上。首先是二年一班,一个稚气的小男孩儿走到我身旁,开始念,好像错了五六个,得了七十几分。后面又来了几个小同学读得都不是很好。

轮到二年四班了,第一个是个小女孩儿,她的头发卷卷的,扎着一根又细又长的麻花辫,眼睛大大的,笔挺的鼻子下有一张粉色的小嘴。第一眼看到她,我就觉得她十分伶俐。她走到我身旁,白皙的小手把试卷递了上来,放在我的前面。她开了口,发出黄莺般动听的声音,一字一顿地开始念:"橄榄、冰箱……"

嘿!她念得真准,一定是班中的尖子生,我心想。读到了那个令我特别注意的词,我心里真为她捏一把汗。很可惜,她读错了,我在那个词上打了个叉。她盯了一会儿那个叉,眉头一皱,眉宇之间透出一种小孩子不应有的神态,着实把我吓了一跳。好一会儿,她才开始往下念。不知怎的,我手心冒出了冷汗。终于念完了,我在试卷上用红笔写了一个大大的九十五分。这是最高分啦!我心想。她呆呆地望着这红色的分数,过了几分钟才拖着沉重的脚步走出考场。我松了口气,继续检测。

当我们检测到最后一个班的时候,那个小女孩儿又迈着轻快的步伐来了。她甜甜地叫了声"大姐姐",跑到我跟前,对我说:"您刚刚在我试卷上打叉的那个词我明明念对了,《新华字典》中就写着前鼻音嘛!"说着,举起手中的字典给我看。我尽量柔和地对她说:"这个字呢,应该念后鼻音的,大字典上是念后鼻音的,老师还特别指出过。""可是,《新华字典》上明明……"我没理会她,继续检测另一位小男孩儿,她才甩甩辫子,怏怏而回。

后来,学校组织了值周小队,专门检测各个年级卫生工作、课间操等。我也是其中一个队员,专门检查二年级。这天,我检查完二年级一个班的眼保健操,刚走出教室,一声甜美而又熟悉的声音传入我的耳中:"大姐姐!"回头一看,是那个小女孩儿。她又讲起了上次的事:"那次是你判断错了……"我竟飞似的逃开了。

第二天,我又碰见了她,她好像专门在等我。"大姐姐,我念的是对的……"搞得我又一次狼狈"逃窜"。

不知怎么了,我这个大姐姐竟开始对她这个小妹妹有些害怕。后来几天的检查,我总是像做贼似的避开她。

我总在暗中对自己说:"韩怡沁呀韩怡沁!你是怎么啦?你是按照老师的吩咐去做,又没做错,到底怕什么呀?"可是,第二天去检查,依然心惊胆战。

就这样过了一个学期,我终于不检查二年级了。没想到一次星期六学合唱的时候,我竟又和她不期而遇。"大姐姐,应念前鼻音,我是正确的……"她依然很有礼貌,笑容依然像花一样绽放着,没有丝毫不耐烦,目光中却透着一股坚定的力量。

我不知所措地赶紧向前走。"大姐姐……"她还在呼唤。我的心里乱极了。

后来,我从同学的口中知道了她的小名叫"毛毛",从小练习舞蹈,很倔强,很任性。我倒不觉得,她的倔强和任性应该换一个说法——不屈不挠与自信。正是因为她的不屈不挠与自信才使我感到敬畏!

如今,当我被困难挡住去路,当我被失败的挫折困扰,我的脑海中总会浮现出小女孩儿那可爱的身影、恳切的神情、坚定的目光,我总会坚强地站起来,扬起希望的风帆前进。她给我的是巨大的震撼与强大的动力。

向你致敬,小女孩儿!你的故事,将会是我人生中的美好回忆,它将会伴随我度过许多风风雨雨……

妈妈，我想劳动

李 琼

妈妈，我想告诉您一句真心话："让我现在开始干一点儿家务活吧！"

您还记得吗？上次学校举行了一次"炒菜"竞赛活动，我给您捧回了一张"炒菜冠军"的奖状。当时，您高兴得不得了，笑得合不拢嘴，脸上的皱纹像绽开的一朵花，还说我有天分，干活不用学也会。唉！妈妈，您以为我受到夸奖很高兴吗？不！我的心里像塞了一块大石头那么难受。

平时，我看见您干什么活都觉得有意思，总想试试看，但又不敢。因为每当您看见我干点儿小活的时候，就会把脸拉得老长，并一把夺过去自己干！记得有一次，您加班到很晚，我非常高兴，这正是我练练手艺的好机会。我照着您平时的样子去做饭炒菜。不一会儿，我把饭菜做好了。没想到您回来后看见我洁白的丝绸裙子上溅上了油点，不仅没有夸奖我，反而气冲冲地骂了我一顿。

妈妈，您知道吗？一个好学生不光要学习好，还要德、智、体、美、劳全面发展。其实，有很多知识都是来源于日常生活。

我平常不是学习就是玩，总是"衣来伸手，饭来张口"，这样哪能获取更多的知识？例如有一次考试，作文题目是《第一次做饭》，而我从没有做过饭，哪能写得出？所以只考了六十多分，回家还挨了您一顿批评！唉！妈妈，您就是不理解我，平时，由于很多活我都不会干，所以劳动时，我的每个动作都惹得同学们哈哈大笑，我还得了个外号"娇小姐"……

　　妈妈，我知道您望子成龙、望女成凤，但这样的教育方法是不对的！让我现在开始学做一些家务活吧！请您接受我的请求，答应我吧！

老师的绰号

汤 巍

这两天我特别高兴,班里的"包打听"说,我们班新来一位语文老师,姓范。

要问我为啥这么高兴,那是因为我姓汤,很多同学都给我取绰号"汤圆"。我经常埋怨老爸,姓什么不好,为什么姓汤?而新老师还没来,调皮鬼们已经给她起好了绰号——大米饭。哈哈,我要解脱了。

今天,是范老师上的第一堂课。她年轻极了,看上去只有十八九岁,留着齐耳短发,长得美丽清秀。她微笑着走进教室,一眼就看见黑板上的那幅画:正中画着一碗米饭,左边画着一双筷子,右边写着五个斗大的美术字"欢迎大米饭"。范老师先呆了一下,显然意识到了这是我们的恶作剧。她扫视了一下全班同学,笑着说:"谢谢同学们给我的见面礼,我姓范,不是米饭的'饭',而是示范的'范'。"她在黑板上写了一个"范"字,每一笔都写得刚劲有力。我心里暗自赞叹。范老师继续说:"此'范'乃模范、楷模的意思,希望今后……"

我心想,还挺机智,不过还得瞧瞧她上课的水平再下结论。

范老师开始讲课了，课文是《十里长街送总理》。她开始讲课时，好些同学在窃笑。可她似乎沉浸在课文的意境中，当讲到周总理的灵车开来，首都人民的心情十分悲痛时，范老师声音颤动着，眼里闪着泪光。我们也被感动了，特别安静，有好多同学都流下了泪水。

不知不觉，下课铃响了，我们还沉浸在悲痛的情绪之中。范老师感觉到我们心情沉重，大概怕我们的情绪影响下一节课，于是对我们说："同学们，走！咱们到操场上去玩'贴膏药'的游戏。"同学们欢呼雀跃。只有我独自坐在凳子上，为自己的恶作剧后悔。范老师走到我跟前抚摸着我的头："你叫汤巍吧？你画得很好，'汤'和'饭'是一家，我们交个朋友，好吗？"我点点头。她拉着我加入了游戏的行列，我们玩得真开心啊！

我要悄悄地告诉大家一个小秘密：我已经喜欢上这位"饭"老师了。

老师的绝活儿

盛 宁

说起我们的自然老师——汪老师,没有人不佩服她,因为她不仅课讲得好,还有好几手的绝活儿。

汪老师中等个子,瓜子脸,弯弯的眉毛,戴着一副细框眼镜,总爱把头发轻轻地拢作一束系于脑后,看起来满腹经纶的样子。或许,她简单而平凡的外表并不能给你留下太多的印象,但只要提起她的绝活儿,无人不拍手称好。

汪老师的绝活儿之一就是上课从来不拿书,拿着实验用品就能讲。从不看书,讲起来却总和书上的一样,而且滔滔不绝,绘声绘色,一下子就能把同学们吸引住。倘若讲到某一重要概念,需要我们背的,她甚至能清楚地告诉你这个概念在书上的第几页第几行,而且从未出过错。

汪老师的绝活儿之二就是画圆不用圆规。因为是自然课,上课总要画圆的形状。每当这时,汪老师总是不慌不忙地捏起一支粉笔,手臂一抡,一个标准的圆立即出现在你的眼前,而且要大可大,要小可小。

最绝的就是汪老师画的实验图。她从来不看书,当大家还在自然书里找得稀里糊涂时，一幅整洁标准的实验图已展现在我们的面前，大到地球上各个国家的名字，小到哪个自然现象产生的位置。这需要多么惊人的记忆力和日积月累的经验呀！那一弯一曲、一点一横又包含着汪老师多少年的心血。

　　我的老师有绝活儿！

因 为 有 梦

因为有梦

张婷婷

"最初的梦想紧握在手上,最想要去的地方,怎么能在半路就返航?最初的梦想,绝对会到达……"

每当听到这首《最初的梦想》,心中就涌起许多感想。梦想一词,包含了我们多少的期望。每个人都有属于自己的梦,有的梦很高大,有的梦看似微不足道,却是要用生命去实现。

夜晚,我躺在床上,望着窗外的天空,黑漆漆的一片,看不见星星,月光暗淡,仿佛也迷失了前进的方向。心情复杂,心中难免些疲倦,有些迷茫,但当耳边又响起范玮琪《最初的梦想》,我的心被触动,燃起希望,陷入沉思。

每个人也许都会在胜利后有一些骄傲,当陷入迷茫,便越陷越深,于是最初的梦想也会坠落。但我们不能眼看着自己颓废,每个人都有不可估量的潜力,我们要把最初的梦想挽救回来。

在追梦的途中,我们会遇见无数困难,我们要奋不顾身地为梦想而奋斗,它就像一颗种子,我们要用尽全力给予它营养,让它开花结果。我们要相信这一切都是值得的,终有一天,它会给予我们意想不到的收获。

梦想在很多人看来仅仅是一个名词,梦想可以有很多,随着年龄的增长一直变换,但始终不要忘记你最初的梦想是什么,你最初想要去的地方是哪里。

不忘初心,努力奔跑,一定会达到终点,实现自己的梦想。

因为有梦,所以坚持。

我是小小工程师

孙佳佳

从小,我就特别爱琢磨,经常会有各种各样的小发明,让大家赞叹不已。

前几天,我帮妈妈给花浇水。刚给那盆吊兰浇了半壶,水就从花盆底部淌了出来。怎么回事呢?妈妈说:"这盆吊兰的根须太发达了,浇上水就流出来了。不浇吧,不过几天花就会干枯。"

这可是个难题。我左思右想,总想不出个两全其美的办法来。

晚上,我在电视上看到"农技之窗"里介绍的"滴灌工程"。这"滴灌"多像给病人打的点滴呀。看着看着,我心中一亮,为什么不给吊兰也建个"滴灌工程"呢?

对,就用输液器做一套"滴灌工程"。首先,我把家里废旧的输液器找出来,用水洗干净,再往里面装满清水。我一只手举着水瓶,另一只手把针头对准花盆,打开开关,细细的水流渗进了土壤里,这样,肯定不会再从盆底跑水了。哈!问题解决!我的高兴劲儿就别提了。

可是，不一会儿，我的胳膊就开始发酸了。这样一直举着可不是长久之计。我又想起医生给病人输液时都是用钩子把瓶子挂起来，用胶布粘紧针头的。

我放下输液器，找来一个铁钉用钳子做成"丁"字形。把铁钉的一头打入窗户上的小孔里，再把水瓶挂上去。然后给花盆里插上一根小木棍，再用胶布把针头固定在木棍上。然后揭开输液器后盖，给输液器添满水，打开开关，水就流出来了。

"噢！成功了！成功了！"我高兴地喊了起来。我设计的"滴灌工程"，减少了很多麻烦，妈妈不住地夸我聪明，我真高兴。

我的"八字牙"

李林蔓

很小的时候，我是一个爱笑的女孩儿。但自从我失去了大门牙以后，就好像变了个人，性格变得内向起来。

"哎呀，李林蔓，你的牙齿真好看啊，掉了牙的地方像一个梯形，以后叫你'八字牙'吧！"一个同学捂着嘴巴大笑。还不明白情况的我开着玩笑说："哪里哪里。"那时候，我并没有想到他们会把这当作笑话，但是一传十、十传百，不一会儿，全班都知道这个"秘密"，就连老师看到我都笑得合不拢嘴。我闷闷不乐地回到家，向妈妈倾诉苦恼。那时，没人意识到这样一个玩笑对一个刚上三年级的小孩儿伤害有多严重。

"孩子，不要在意别人的嘲笑，把那些嘲讽化为你前进的动力，以后的你会感谢现在奋斗的自己。"妈妈安慰我说。而那时我并不知道这是什么意思，只是懵懂地去做。于是我拖着比我个子还大的琵琶去琴行，可没想到这一去就是五年。

在琴行，都是比我大的哥哥姐姐，我在那里总感觉不自在。一个小孩儿一般跟一群大哥哥大姐姐是不合群的，何况是一个说话漏风、性格内向的小丫头！于是，在别人练习的时候我努力地弹，别人休息的时候我练得更用心。就这样不知不觉地坚持了几个春秋。渐渐的，我走出了阴影，蜕变成一个活泼外向的女孩儿。

现在，我不得不感谢可爱的大门牙，虽然给我带来了许多麻烦，但也是它让我明白了什么是破茧成蝶。在以后的日子里，我一定好好努力来感谢我的"八字牙"！

师 生 情

赵雅茹

在我的记忆深处,有这样一位老师,她如天使般守护着我的童年;如蜡烛,燃烧着自己的青春,照亮了我们前进的道路;如钥匙,帮我打开知识的大门;如粉笔,书写着我们的成长。她就是我们的林老师。

那是我上一年级的时候,正是春季,所以流感比较严重,班里好几个同学都感冒了,我也很倒霉,感冒最严重。在林老师的课上,我不停地打喷嚏,我很怕影响老师讲课,然而,喷嚏说来就来,一个接着一个,怎么也管不住。

下课后,我经过食堂时,遇见了林老师。我的目光被老师手中提着的大袋子吸引了过去,仔细一看,原来是一大袋纸巾。林老师缓缓向我走来,轻轻地喊我:"雅茹,我看到好几个同学上课都不停打喷嚏,可能是感冒了。你把纸巾拿给大家。"

哦,原来如此,林老师的心里深深牵挂着我们。

我在心底想:这何止是一包纸巾?这是老师对我们深深的爱啊!我的感冒好像马上就好了,蹦蹦跳跳地往教室跑去。"慢点儿!小心看着点儿路!"林老师温柔地叮咛远远地从身后飘来。

事情已经过去好久了,现在我想起来心里还是美好如初。

像这类事情还有很多。

林老师,我爱您!

一堂特别的作文课

任晓明

怎么回事？上课铃响过五分钟了，张老师还没来，他一向都很准时的呀！

再看看同学们，有的向外张望着，有的呆愣着出神，有的翻着课本，有的在纸上乱画着，还有的捣蛋鬼在教室里跑来跑去，甚至跑到讲台前做鬼脸，逗得同学们大笑不止。

突然，走廊里响起了脚步声。大家顿时安静下来，目光不约而同地投向门口。脚步声越来越近，最后停在了门口。

大家一看，原来是班上的一个捣蛋鬼在搞恶作剧。他偷偷从后门溜出去，模仿老师的脚步声，大摇大摆地走进教室："怎么？我不在就大闹天宫啦！给我罚抄第十课，抄五十遍！"同学们立刻笑得前俯后仰。

经他这么一闹，教室里更乱了。女同学们围在一起聊天，男同学更不用说了，打闹的打闹，讲笑话的讲笑话，还有几个"歌手"，组成了一个"合唱队"，在教室里大声唱起来。天啊，这哪里是课堂啊？分明像个菜市场！

"老师来了！"不知是谁叫了一声，教室里立刻安静了下来。走离座位的同学箭一般跑回自己的座位；一个调皮鬼慌乱中弄翻了凳子，摔了个仰面朝天；动作快的回到座位后立即拿起书本装模作样读起来，结果把书都拿倒了……

张老师走上讲台，在黑板上写了几个字，说："这就是我们今天要写的作文！"大家一看，黑板上工工整整写着"当老师不在的时候"。

大家一下子明白了，原来张老师这次"迟到"是"别有用心"啊！

严 师 慈 母

李 娟

吃完午饭，班主任姜老师照例安排我们午睡，她看了看手表说："现在12点，同学们在各自的课桌上休息二十分钟，把眼睛都闭上。好，现在开始！"随即，我们都把两手平放在课桌上，有的枕着书，有的枕着铅笔盒，闭上了眼睛……

其实好多同学是睡不着的，姜老师也知道我们仅仅是闭上眼睛，但她说："闭目养神也是一种休息。"是呀，中午闭上眼睛休息一会儿，下午上课时就能精神抖擞，还挺有效呢。

我们常常偷偷地睁开眼睛，或者把眼睛睁开一条缝，这时，总能看到在讲台上的情景：此刻，姜老师戴上眼镜，放弃了她的午休，一边督促我们午睡，一边批改着我们的作业。

姜老师五十岁了，比我们的妈妈年龄要大得多。她那双明亮有神的眼睛里流露出对每一个同学的关切之情。她平时抓我们的学习很"凶"，然而，她也很关心我们的健康，告诉我们要劳逸结合，尤其把每一天午睡作为她的一件"大事"来抓。用姜老师的话说："这是保护大脑不致过度疲劳的最佳方法。"她是严师，又是慈母。

记得有一天中午，我们像往常一样，趴在课桌上"闭目养神"。过了一会儿，我偷偷睁开一只眼，朝讲台上望去——啊，姜老师也睡着了！她趴在讲台上，眼镜搁在一厚沓作业本上，红色的圆珠笔却紧紧地握在她的手中。

我抬起头来，朝左右望望，只见好多同学都"醒"了，然而都默不出声。没有一个同学说话，生怕会吵醒老师。整个教室鸦雀无声。大家也许在想：老师太累了，让她多睡一会儿……

突然"咣"的一声打破了沉寂，不知哪位同学不小心把铅笔盒碰掉在地上，惊醒了姜老师，她蓦地挺了挺背脊。这时我发现，她的脸通红通红，额头上渗出了细细的汗珠。我想，此刻姜老师的脸颊一定很烫很烫，也许正在发烧呢。

"同学们，"姜老师看了看手表，对我们说，"还有五分钟，准备上课……"

下午的上课铃声响了，我们坐直了身子，姜老师又抖擞起精神来，她那清脆的朗读声在教室里回响……

我的老师

丁丹丹

她，中等身材，乌黑的头发下面一双炯炯有神的眼睛，圆圆的脸，慈祥的面孔，举手投足中透露出成熟及干练的神态。最让我们佩服的是她讲的课。她讲课口齿伶俐，娓娓动听，她像一架播种机，不断在我们心田上播下知识的种子。

一个春光明媚的星期天，我和白洁到她家里去问几道题。走在路上，我的心像揣了一只兔子一样跳得厉害。要知道，我向来都是很害怕老师的。到了她家，老师看到我们来了，急忙热情地把我们迎进屋里。当我们把来意一说时，她高兴地说："我最喜欢爱问问题的学生了。"于是，她坐下来耐心仔细地讲解，一遍，两遍……直到我们把这些题弄懂了做会了她才罢休。她还和我们叙家常，说说笑笑，完全失去了平日讲课的严肃态度。我一点儿也不怕她了，反倒把她当作自己的知心朋友。

作为毕业班的学生，我们深知毕业班老师的辛苦。看着那刻印得整整齐齐的一沓沓试卷，看着办公室中最迟熄灭的灯光，看着那伴着暮色归去的身影，我一次又一次想真挚地说："谢谢老师！"

是您，把深奥的知识传给了我，带着我在知识的海洋里遨游。您的谆谆教导，帮我改掉了毛病。不管是现在，还是将来，您给我留下的印象都是难以磨灭的。您是给我印象最深的一位老师。

写到这里，你一定会问："她是谁呀？"她就是我们的数学老师——许敏老师。

"福尔摩斯"寻笔记

刘 翁

"我的钢笔不见了,有谁看见我的钢笔了吗?"张灼焦急的声音在同学们的笑闹声中格外明显。只见他失望而无奈地望着四周,眼睛里已蕴满了泪水,显露出一种无助的神情。

离上课还有很长时间,我赶忙帮着寻找。但忙活了半天,连笔的影子也没有见着。就在我们一筹莫展之际,班长胡新星提议:"我们共同寻找线索,当一回'福尔摩斯',怎么样?"

我立即召集了几个要好的同学,经过一番筹划,大家立即行动起来。

然而,几经"奋战",张灼那支心爱的钢笔依然踪迹全无。

看来我们只好出个下策——挨个桌子找。

就在我们一个座位一个座位小心翼翼地查看着的时候,张灼兴奋地叫了起来:"找到了!找到了!"大家围过去一看,这不是黎力的座位吗?张灼的钢笔怎么会在这儿?大家疑惑地相互看着。就在这个时候,黎力走了进来,当他得知张灼的钢笔不见了,又在他的课桌上找到时,就生气地说:"你们怎么能这样!这支笔是我的!""什么?这是你的笔?明明是我妈妈送我的生日礼物，上面还刻着我的名字……""真的有名字吗？"我急忙拿过去一看，并没有看到钢笔上写着名字，看到的却是黎力满脸的愤怒："张灼，你的钢笔不是借给你表哥了吗？"张灼一拍脑壳，不好意思地低下了头，连忙向黎力道歉。

唉，再看我们这群"福尔摩斯"，一个个没精打采地耷拉着脑袋，灰溜溜地回到了各自的座位上。

化装舞会

张泽玮

有一年冬天,一只饿得饥肠辘辘的大灰狼在雪地上找吃的。可是,茫茫的大雪中,什么吃的都没有,他想起去年圣诞节吃的火鸡和鸡尾酒,口水流了出来。

突然,他发现一片树叶,这是一张请帖,上面写着:"今年的化装舞会就在森林广场举行,请可爱的小动物们来参加这次舞会。"大灰狼想,那里一定有很多好吃的,他也要去。于是,大灰狼把自己装扮成了一只老山羊,趁没有人注意他的时候,偷偷地溜了进去。

第一个活动是跳舞,小动物们开始了精彩的表演。大灰狼对舞蹈不感兴趣,他的肚子正在"咕咕"叫呢,他走到一个没人注意的饭桌上大口大口地吃了起来。

不一会儿,小鸡走过来了,大灰狼看见了,心想:好肥的鸡呀,可以当作早餐吃呢。小鸡扑闪了一下翅膀说:"山羊先生,听别人说你是个书法家,你可以教我写字吗"?"山羊"咳了两声说:"当然没有问题。"小鸡高兴地离开了。

不一会儿小乌龟挪了过来,大灰狼还在吃东西。小乌龟对他说:"山羊先生,人们都说你的画可好看了,你可以教我画画吗?""山羊"又咳了两声说:"当然可以。"小乌龟也慢吞吞地挪开了。

大灰狼还在吃东西,吃得满嘴都是油。

晚会结束了,动物们开始卸下服装和道具。袋鼠把衣服脱了,原来是一只小白兔;大海龟把壳脱下来,原来是只大狗熊……动物们都卸完了,就剩下"山羊"先生,动物们猜来猜去猜不到他是谁,一个个大声嚷嚷着让他卸下装扮。

"山羊"先生狼狈极了,趁大家不注意,一下蹿了出去,消失在山林中,大尾巴在地上扫起了一路烟尘。大伙儿都惊呆了,原来他是一只大灰狼!

兔子奋斗记

郭子瑜

海边的森林中住着兔妈妈一家人。

有一天,兔妈妈给三个孩子每人一百元钱,叫他们独自生活,各自创业。

老大叫乖乖,老实本分;老二叫灵灵,爱动脑筋;老三叫美美,漂亮爱打扮。三只小兔拿着一百元钱,各自创业去了。

乖乖来到山下找了一处平坦又肥沃的土地,决定开垦种地。她来到热闹的集市看到有一家铺子在卖种子,大声喊:"你好,请问一下,有没有萝卜种子?""呀呀,来了。萝卜的种子?有有有,您这边来。"小狗连忙招呼乖乖来到萝卜种子的柜台。"您要哪一种?快速生长的,结果多的……您要?"乖乖思索了一下说:"要普通的,再给我拿些肥料之类的东西。""好!"小狗急急忙忙地去找这些东西。乖乖背着一大包东西回到山上,盖起了房子,开垦了好多荒地,从此有吃有喝。

灵灵来到百货商店,买了橡皮艇、渔网、鱼饵、鱼缸……买足了东西,打算周游世界。他乘上了皮艇,缓缓离开了港湾,在大海中漂流。白天他以打渔为生,晚上小心警惕,生怕被大海吃进肚子里。灵灵走遍了世界各地,登上了万里长城,爬上了埃菲尔铁塔,还娶了一只外国兔子。

美美的梦想是当一名模特。所以她离开家后,来到了动物界有名的模特公司,评委看美美长相甜美,身材也十分不错,就毫不犹豫地收了她。可是进入公司要交一百元。美美为了出名,心想:一百元交了吧,以后出名了,赚更多的钱。后来,经过了艰苦的训练,美美一举成名。

三年后,乖乖扛着一袋可口的萝卜回到家。兔妈妈笑嘻嘻地说:"好儿子,知道孝顺妈妈了。"灵灵带着外国媳妇上门了,兔妈妈兴奋地说:"哎哟,看这丫头长得多俊俏呀!"美美身后跟着一大堆助理。美美招了招手,助理就把各类补品摆在了桌上。

兔妈妈的眼睛眯成了一条缝,她竖起了大拇指:"孩子们,你们可真棒!"

星星的悄悄话

孙一嘉

安静的夜空,星星像无数颗珍珠撒在玉盘里。

豆豆坐在嫩绿的草地上,指着天空数星星。他看见星星张着嘴,好像在说悄悄话。

豆豆侧耳一听,原来星星在说谁发的光最亮呢!

一颗大星星说:"看,我又大又圆,我发的光是最亮的。"另一颗星星不甘示弱地说:"你骗人,虽然你又大又圆,可是你发的光可不一定是最亮的。我虽然小,但能聚光,所以我发的光是最亮的。"其他的星星听了,都争先恐后说自己发的光是最亮的。

星星的话把做着美梦的月亮吵醒了,月亮揉揉眼睛说:"你们知道大地的夜晚为什么这么亮吗?"星星们都摇头说:"我们不知道。"月亮微笑着说:"因为你们的光聚集到一起,大地才变得这般亮了,如果只有孤单的一颗星星,大地怎么会这么亮呢!"星星们想:"也对呀,如果我们不团结,只有自己发光,大地妈妈就不能穿上银色的纱裙了!"

从此,星星们再也不争论谁是最亮的了,它们一心一意地散发着光芒,让大地妈妈更漂亮。

一次奇妙的旅行

葛 阳

夜幕初垂,我在床上仰望天空,深蓝色的空中,小星星们眨着无比美丽的大眼睛,一闪一闪,无比可爱,把天空点缀得无比纯净。

就在这时,天空中闪过一道光芒,我慢慢睁开眼睛,原来是一架崭新的UFO,我好奇地打开窗户,一股神奇力量把我带了上去。当我再一次睁开眼睛时,我发现我来到了另一个地方,原来我来到了未来。

只见一位机器人走来,问我要不要去银河饭店吃饭,我同意了,跟着它来到了这家饭馆。哇,服务员都是机器人,楼房都是UFO,大街道上人流如潮。我拿起勺子,刚想大口大口地吃。就在这时,闹钟响了,唉!真是关键时刻掉链子,我非常生气,便埋怨起来:"真讨厌!"

虽然这是一个梦,但是我要好好学习,相信未来会更加美好。我相信这次奇妙的旅行一定会实现的!

想看见您的笑

元国翡

想看见您的笑,地球母亲。

以前啊,人们尊重您,爱护您,呵护您,为您增添生机,增添绿色,植树造林,让沙尘暴不再将您的"汗毛"和"皮肤"破坏,让所有的沙漠都变成一个个绿洲……那时的您笑得那样灿烂。

后来啊,人类越来越聪明,人类科技也越来越发达,我们为了科技更发达,肆意地毁林开荒、取土、挖沙、采石、开矿……让绿色的您变得一片荒芜。您哭得是那么伤心,哭干了河,哭干了海……

现在呢,我们只想让您再笑一次,再现往日的辉煌。您看到了吗?我们为了让您再笑一次开始植树造林,以增加植被。您都看到了吗?我们为了让您再笑一次开始节约用水,保护我们珍贵的水资源。这些,您都看到了吗?

想看见您的笑,地球母亲。不是我想看见您的笑,而是所有人都想看见您的笑!